PROCÈS

DES

VINGT-DEUX ACCUSÉS

DU

CLOITRE SAINT-MÉRY.

AVIS.

On trouve chez ROUANET, libraire, rue Verdelet, n. 6, près de la Grande Poste aux Lettres à Paris.

Procès des Quinze, publié par la Société des Amis du Peuple. 1 fr. 50 c.

Procès à l'Histoire ou à *la Tribune*. 25

Procès des Fusils Gisquet contre A. Marrast. 50

Programme de l'Hôtel de Ville, précédé de la *Conduite des Députés durant le règne du Peuple*. 75

Réponse à Barthélemy sur sa justification. 75

Petit Catéchisme républicain. 10

Prière du soir et du matin, *Déclaration des Droits de l'Homme et du Citoyen*. 10

Nouveau Catéchisme français, en 46 articles. 10

Le Retour en France des Cendres de Napoléon. *Vieux Fifre du Régiment.*	10
L'Inutilité des Prêtres. *Hymne à la Raison.*	10
La Versaillaise. *Le Chant du Départ.*	10
La Bataille des Places. *L'Indemnité.*	10
La Tricolore.	10
Pourquoi je suis Républicain. *Le Bonnet de la Liberté.*	10
La Marseillaise. *Le Salut de l'Empire.*	10
L'Insurrection parisienne.	10
La Parisienne. *Les Trois Couleurs.*	10
Le Bon Roi : Parodie. *Le Bon Dieu.* *Le Vin et la Liberté.*	10
La Varsovienne. *Les Enfans de Paris.*	10

Imprimerie de AUGUSTE MIE, rue Joquelet, n. 9, place de la Bourse.

PROCÈS

DES VINGT-DEUX ACCUSÉS

DU

CLOITRE SAINT-MÉRY,

ÉVÈNEMENS DES 5 ET 6 JUIN 1832,

SUIVI

DE PIÈCES JUSTIFICATIVES.

PARIS,

ROUANET, LIBRAIRE, RUE VERDELET, N. 6,

PRÈS DE LA GRANDE POSTE AUX LETTRES.

1832.

AVANT-PROPOS.

Encore un procès politique! encore une condamnation! Nous sera-t-il permis d'ajouter: encore des victimes! Eh! qui pourrait ne point en convenir aujourd'hui? à quelque opinion, à quelque parti que l'on appartienne, on ne peut que plaindre les hommes extraordinaires du Cloître-Saint-Merry. Si l'on a vanté l'héroïsme des défenseurs de la liberté en 1830, on ne peut voir d'un œil sec les mêmes hommes frappés de condamnation en 1832, pour des faits qui, d'après leur conviction, n'étaient autre chose que les actes d'un dévouement sublime à la même cause.

Si l'on croit que la révolution de juillet ne devait avoir d'autres résultats que l'évènement du 7 aout, d'autres conséquences que quelques changemens de domiciles et de décorations, il faudra bien encore les plaindre, car les actions pour lesquelles on appelle sur eux les rigueurs de la loi aujourd'hui, ne sont pas des crimes de tous les temps et de tous les lieux, ce sont de ces actions dont l'opportunité fait des vertus et dont le moment intempestif peut faire des actes coupables. La loi, qui n'est point un être intelligent, frappe telle action: tels et tels sont accusés de cette action, les organes de la loi appliquent la peine, nous y souscrivons avec respect. Mais la loi ne peut nous défendre la pitié, l'intérêt, l'admiration pour des hommes pleins de courage et de vertus patriotiques. qu'un moment d'erreur a soumis à ses redoutables arrêts; nous ne cesserons donc de plaindre et d'appeler la fraternelle sollicitude de nos compatriotes sur les infortunés du Cloître Saint-Merry, qui ont eu le malheur de ne pas savoir assez positivement que ce qui était dévouement, courage, héroïsme digne du temple de mémoire les 27, 28, et 29 juillet 1830, pouvait être révolte, fureur, crime digne de l'échafaud les 5 et 6 juin 1832. Nous les plaindrons d'autant plus sincèrement que, lors même qu'ils encouraient l'animadversion des lois, c'étaient des héros qui prodiguaient leur sang dans la croyance qu'ils servaient la patrie; et, cela est si évident pour tous ceux qui jugent ces tristes evènemens sans passion, qu'il est digne de remarque qu'on ne leur en ait tenu aucun compte.

Il faut en convenir, le jugement contre les hommes du Cloître Saint-Merry est un sujet de profondes méditations. On ne peut penser sans être douloureusement affecté que l'enchainement obscur des causes, après avoir fait des monumens héroïques des barricades de juillet, ait fait un objet d'horreur et de réprobation des barricades de juin 1832, composées des mêmes élémens rassemblés par les mêmes mains qui croyaient servir la même cause! Eh quoi! si(1) la garde municipale a fait son devoir, les gendarmes et la garde royale ont donc fait le leur en 1830?... Si la troupe de ligne a fait son devoir en se battant contre les hommes du Cloître Saint-Méry, avec la même ardeur quelle l'eût fait contre des barbares qui massacrèrent la Pologne, ou contre ces bandes anti-françaises de la Vendée, pourquoi a-t-on déclaré que les régimens qui mirent bas les armes contre l'insurrection de 1830, avaient bien mérité de la patrie? L'insurrection était donc alors pour le peuple et pour chaque portion du peuple *le plus sacré des droits* et *le plus indispensable des devoirs?.....*

Quelle déplorable existenceque celle que l'on use au milieu d'événemens aussi décevans et combien doit-on désirer de voir s'adoucir la rigueur des lois envers des actions qui sont plus souvent des erreurs que des crimes!

O France! ô patrie! quels sacrifices tu commandes! Le sang et les pleurs de tes enfans doivent-ils toujours arroser ton sol sacré?

Le fanatisme cruel, l'orgueil aveugle, l'égoïsme glacé, la soif insatiable des honneurs et des richesses étoufferont-ils toujours les cris de la nature? des frères impitoyables voueront-ils encore longtemps leurs frères au désespoir et à la mort.

Et toi, jeune homme intrépide, que la liberté compte au nombre de ses plus illustres défenseurs, faut-il te croire perdu pour elle?... Souviens-toi, ô Jeanne, que le juste Aristide est rentré dans Athènes, comblé des vœux de ses concitoyens après avoir subi l'ostracisme. Souviens-toi que de nos jours des hommes vertueux subirent l'exil et la déportation pour des causes politiques.... Souviens-toi que la Pologne est exilée; que les rois eux-mêmes ont pleuré et pleurent encore dans l'exil, mais n'oublie pas surtout que l'admiration suit la vertu malheureuse, et que l'indignation et la haine poursuivent les tyrans et les repoussent à jamais.

Plein du plus tendre intérêt pour des citoyens infortunés qui viennent d'être frappés d'une condamnation rigoureuse, j'ai recueilli les documens de ce mémorable procès afin d'en mettre l'ensemble sous les yeux du public, dont l'arrêt solennel doit aller à la postérité avec cette épigraphe : *Stupete gentes!*

Le lecteur verra que je n'ai rien négligé pour rassembler non seulement tout ce qui a été publié dans les journaux, mais encore les morceaux infiniment précieux qui n'ont pu être saisis par les sténographes, et qui m'ont été fournis par les honorables défenseurs.

(1) Par respect pour les lois je déclare que la particule SI n'est point un signe de doute, mais seulement une forme logique.

DES ACCUSÉS DU CLOITRE SAINT-MÉRY.

(EXTRAIT DE LA TRIBUNE.)

Ils ne seront pas jugés! ils ne peuvent pas l'être! — Car ce n'est pas de la cour d'assises qu'ils sont justiciables. Ils le sont de l'histoire et de l'avenir.

Dans le présent, cherchez des juges, c'est-à-dire des hommes entièrement exempts vis-à-vis d'eux de préjugés, de passions, d'intérêts privés ou publics, des hommes qui ne respirent pas l'atmosphère brûlante qui nous dévore; des hommes qui ne soient pas trempés plus ou moins de ces affections que fait naître la défaite ou qu'engendre la victoire.

Cherchez des hommes qui ne soient amis ni du pouvoir, ni du peuple, d'intelligence assez haute pour qu'ils comprennent ce qu'est le dévouement, le culte, la foi!

Cherchez ceux qui auront assez de force, d'indépendance et de raison pour se dire en face de ces accusés tout brûlans de patriotisme : « Ils sont là, vaincus; mais, vainqueurs, où seraient-ils?

Est-ce donc la force qui décide seule en ce monde du crime ou de la vertu?

Si c'est la force seule, levez le glaive et frappez; mais ne parlez pas de justice!

Que si vous voulez au contraire des intentions criminelles, fouillez dans ces âmes que le soupçon même ne peut atteindre.

Ceux qui sont là et ceux qui y manquent, savez-vous quels ils sont?

Les mêmes dont vous avez accepté le cœur et les bras à la révolution de juillet! Les mêmes qui furent alors, comme aujourd'hui, pleins d'intrépidité, d'audace, grands par le courage, plus grands encore par le désintéressement.

Si la victoire les avait secondés, vous écririez leurs noms sur les tables d'airain du Panthéon.

Mais être vaincu semble déjà un assez grand malheur! Nous avons traversé tant de révolutions que c'est folie vraiment d'en faire un crime. L'histoire a des changemens brusques, et la fortune est sujette aux plus étranges retours!

Mais la loi!!... Oh! oui, elle est toujours pour le vainqueur : car c'est lui qui la fait. Mais la loi suppose le temps calme, les jour réguliers. La loi n'a rien à voir à la guerre. La loi règle des rapports entre les membres d'une même société. Elle suppose donc la société. Elle ne la fait pas. Elle n'a donc rien à dire pour des cas où la société elle-même est en question.

Laissez donc la loi, et allez au fond des choses.

Qu'y a-t-il dans ce procès? Une insurrection. — Qui avait-il en juillet? Une insurrection. — Quels étaient les acteurs alors? Les hommes que la société actuelle repousse, renie, exclut, flétrit. — Quels sont-ils aujourd'hui? Lisez leurs professions. C'est la même cause, le même intérêt, le même principe. — Qui provoqua juillet? Des ordonnances qui furent jugées contraires à la liberté. — Qui provoqua juin? Un système qui avait tué la Pologne, l'Italie, la Belgique, éloigné les patriotes, outragé et nié la révolution même d'où était sorti le gouvernement tout entier.

(Notez bien que je laisse de côté la provocation armée de Vidocq, la provocation des dragons, etc.)

Si donc vous voulez être de bonne foi, il y a aujourd'hui ce qu'il y avait alors, une question politique, un duel entre deux opinions.

Toute la différence, c'est que la victoire est là bas, ici la défaite.

Mais, dit-on, les ordonnances de Charles X violaient laCharte!

Et qui donc, je vous prie, avait jugé cette question? Quel pouvoir avait parlé? Le peuple seul s'est levé; peu nombreux le premier jour, un peu plus nombreux le second, vainqueur le troisième. Et alors ont paru les protestations, les encouragemens, les commissions de députés.

La victoire seule les a fait naître.

Savez-vous si cette fois la défaite seule n'a pas été cause que l'insurrection est restée isolée.

Si donc vous criez gloire à juillet, ne prétendez pas condamner juin.

Je sais bien qu'on va disant qu'en juillet on combattait pour les lois et en juin contre. Beau discours de vainqueur!

Ainsi aurait parlé Charles X s'il n'eût pas été obligé de fuir vers Cherbourg. Lui aussi, et mieux que vous, il aurait démontré que l'article 14 était l'article conservateur du pouvoir constituant dans la souveraineté légitimiste; il aurait prouvé que lorsqu'une dissidence s'élevait entre la couronne et la chambre, la couronne devait rester juge suprême, comme principe éternel de l'ordre et de la conservation des lois.

Rien n'aurait manqué, croyez bien, à ce plaidoyer en faveur du despotisme, et appuyé sur une Charte *émanée de la couronne*.

Qui a rendu ses argumens frivoles? La victoire.

Qui a rendu les vôtres puissans? La victoire.

Croyez-vous qu'elle eût été plus ingrate pour les combattans du Cloître-Saint-Méry?

Vous le voyez donc; — il n'y a là que victoire ou défaite, c'est-à-dire, guerre d'opinion que le combat termine, mais où la justine doit pas entrer. Car il ne faut pas que jamais on l'accuse de se mêler aux luttes des passions, ou de servir d'instrumens aux triomphes des partis!

Puisque les jurés sont appelés à dire devant Dieu et devant les hommes si les accusés sont coupables, c'est-à-dire, s'il y a eu crime dans leur cœur, qu'ils lèvent donc la voix pour déclarer qu'il y a eu guerre après provocation, guerre, défaite, malheur! Mais crime! mais assassinat! Non, jamais!

Et ne le savent-ils pas! Le crime est toujours lâche! Le crime souille le front!

Qu'ils regardent donc s'il y eut jamais plus intrépide fermeté, plus noble et plus héroïque bravoure, que celle de ces autres trois cents, devant lesquels toute une armée de soixante mille hommes fut tenue en échec durant deux jours!

Ici que ce ne soient pas les vaincus qui prononcent dans leur cause. Que les vainqueurs soient seuls entendus! Savaient-ils mourir sans reculer ceux qui manquent sur ces bancs de la cour d'assises? Savaient-ils résister jusqu'à ce que la dernière goutte de leur sang eut mouillé la pierre qu'ils venaient d'arracher? Et encore! que de traits obscurs, inconnus, que le souvenir seul des amis conserve! Quelle nuit que celle du 5 au 6 juin! Quelle histoire que celle de ces quelques hommes qui ont vécu pauvres, qui meurent obscurs, et qui après avoir passé trente, quarante heures sans autre nourriture que la fumée de la poudre, expirent frappés d'une balle, sans qu'un morceau de pain dérobé, sans qu'une seule violence au milieu du plus triste dénuement vienne leur causer un remords, ou laisser la moindre ride sur leur conscience! —

Ah! s'il y a sur notre terre de France des hommages pour le courage et de la sympathie pour le malheur, gloire à eux! gloire à leurs tombeaux!

Ils ne trouvèrent pas en nous un encouragement avant le combat; ils ne nous verront pas les désavouer après la défaite!

Quant à ceux qui restent, s'ils avaient eu affaire à un pouvoir généreux et grand comme le peuple, ce pouvoir, satisfait de sa victoire, les aurait laissés reprendre leurs durs travaux. Il aurait dit comme ce général de l'antiquité, auquel on présentait quelques malheureux habitans d'une ville dont il avait fait le sac : « *Que me parlez-vous de prisonniers! Il n'y en a pas : ils sont tous morts!* »

ARMAMD MARRAST.

COUR D'ASSISES DE LA SEINE.

PROCÈS DES VINGT-DEUX ACCUSÉS DU CLOITRE SAINT-MÉRY.

Président : M. JACQUINOT-GODART.

Avocat-général : M. DELAPALME.

JURÉS.

MM. ESTIENNE, propriétaire, rue Coquillière, n. 31.
Husard-Courcier, imprimeur, rue du Jardinet, n. 12.
CROUSSE, avocat, rue Neuve-des-Petits-Champs, n. 61.
Deneuville, mercier, rue Neuve-Saint-Eustache, n. 2.
CORVISY fils, propriétaire, rue N.-Dame-de-Nazareth, n. 24
Boyer, avocat, rue des Juifs, n. 18.
Bourdin, avocat, rue du Fauboug-Saint-Antoine, n. 194.
Rignon, marchand d'étoffes de soie, Palais-Royal, n. 71.
Borne, marchand de meubles, rue du Faubourg-Saint-Antoine, n. 20.
Lenoir, marchand de soieries, rue Saint-Denis, n. 118.
Boulay, propriétaire, rue de Vaugirard, n. 58.
Pommeret, notaire à Nogent.

PREMIÈRE AUDIENCE. (23 OCTOBRE 1832.)

Vingt accusés présens, deux accusés contumaces, et le sieur Morel, docteur en médecine, prévenu de simples délits, ont été renvoyés devant les assises. Voici les noms des accusés :

Leclerc, tambour dans la 7e légion de la garde nationale (absent); Jules Jouanne, commis-marchand (absent); Jeanne, ex-employé; Louis Rossignol, âgé de 33 ans, ancien négociant; Jean Goujon, âgé de 45 ans, cordonnier, né à Metz (Moselle), demeurant à Paris, rue Neuve-Saint Méry, n° 24; Jean Vigouroux, âgé de 22 ans, fusilier au 62e régiment de ligne; Joseph Fradelle, âgé de 19 ans, ébéniste, né à Milan en Italie; Jérôme Falcy, âgé de 23 ans, serrurier, né en Savoie; Joseph Rojon, âgé de 33 ans, peintre en bâtimens et tambour dans la garde nationale; Pierre Fourcade, âgé de 34 ans, commis-marchand; Alexandre-Charlemagne Métiger, âgé de 18 ans, cordonnier: François Bouley, âgé de 26 ans, tailleur de pierres; François-Félix Conilleau, âgé de 20 ans, graveur, Henri-François Dumineray, âgé de 21 ans, commis-libraire; Louis Félix Mulette, âgé de 19 ans, bonnetier; Christophe Maris, âgé de 17 ans, ouvrier en boutons; Paul Renouf, âgé de 21 ans, tailleur de pierres; Alexandre Coiffu, âgé de 19 ans, boutonnier; Lusky-Grimbert, âgé de 25 ans, marchand; François Gentillon, âgé de 23 ans; Charles Fournier, âgé de 28 ans, limonadier; Louise-Antoinette Alexandre, âgée de 29 ans, dame de comptoir.

Les faits suivans sont exposés dans l'acte d'accusation: Le 5 juin dernier, entre six et sept heures du soir, une barricade fut construite dans la rue Saint-Martin, au coin de la rue Aubry-le-Boucher, à l'aide du renversement d'une voiture destinée au transport des farines, et de l'enlèvement des échafaudages et de la clôture en planches d'une maison en construction. Les nommés Jeanne et Rossignol furent remarqués comme les premiers et les plus actifs constructeurs de cette barricade, qui fit de ce point le théâtre le plus meurtrier de la révolte. Vers huit heures, elle arrêta une patrouille de garde nationale, au-devant de laquelle se présenta le nommé Rossignol. L'officier qui la commandait ne répondit qu'en tirant son épée aux propositions que celui-ci osait lui faire de passer dans les rangs des insurgés, aussitôt des coups de feu furent tirés de la barricade sur cette patrouille, trop faible pour soutenir un engagement.

Les rebelles, sentant la nécessité de se procurer des armes, forcèrent l'entrée de la maison située rue Saint-Martin, n° 30, et habitée par le sieur Blanc, chef de bataillon de la garde nationale, dans l'appartement de qui étaient déposés des fusils, des pistolets et des sabres. Toutes les armes qu'on n'avait pas eu le temps de cacher furent pillées par les insurgés; les appartemens placés au-dessus de celui du sieur Blanc, et donnant sur la rue, furent envahis, remplis de pavés; les effets précieux des locataires furent enlevés, et des fenêtres de ces appartemens un feu continuel dirigé sur les troupes qui se présentaient devant la barricade, pendant que dans la cour on faisait des balles avec le plomb des gouttières.

Les nommés Jeanne, Leclerc, Jouanne, Rossignol, Goujon et Rojon, furent signalés comme ayant été vus tirant des coups de fusil sur les troupes. Les mandats décernés contre les trois premiers ne purent être mis à exécution. Rossignol est propriétaire, conjointement avec un nommé Fournier, d'un café établi rue Saint-Martin, n° 65. C'est du 2 juin que date l'ouverture de ce café, dans lequel la fille Alexandre était dame de comptoir. Les intelligences des propriétaires et employés de cet établissement avec les insurgés, dans la journée du 6 juin, ont été remarquées par tous les habitans de ce quartier. On a vu Fournier et la fille Alexandre faire des signaux du balcon de leur café aux insurgés placés derrière la barricade ou dans les allées des maisons voisines, pour leur indiquer l'arrivée ou le départ des troupes, et le moment favorable pour tirer. La porte de la maison où est le café resta ouverte, sur l'injonction de Fournier; des provisions de bouche, des munitions furent portées de cet établissement aux révoltés; et lors de la perquisition qui y fut faite, on saisit une casserole ayant servi à fondre du plomb pour former des balles. La chute de chaque soldat était suivie d'atroces applaudissemens partant du café. Lorsque les troupes eurent forcé la barricade et l'église Saint-Méry, les maisons environnantes furent fouillées, et l'on arrêta dans la rue Saint-Méry, au n° 48, les nommés Métiger, Fradelle, Coiffu, Bouley, Renouf, Conilleau, Dumineray, Falcy, ce dernier encore porteur d'un fusil qu'il fallut lui arracher; Dumineray avait les mains et la bouche noircies de poudre, et Fradelle avoua avoir tiré un coup de fusil. Il fut constaté qu'à l'aide d'un trou fait à la toiture, on était sorti de la maison rue Saint-Martin, n° 30. Les habitans reconnurent tous les individus saisis rue Saint-Méry, n° 48, pour faire partie de ceux qui s'étaient emparés de vive force des lieux où l'on avait fait feu sur les troupes, et signalèrent le nommé Dumineray comme celui qui paraissait commander. Ils reconnurent également le nommé Maris, arrêté dans une dépendance de la maison; le nommé Vigouroux, saisi sous un lit dans cette même maison, avec un fusil, et à qui l'on avait entendu dire pendant le combat : *Si nous avons le dessous, je suis perdu;* enfin le nommé Mulette, arrêté dans la maison du passage Jabach, les mains, la figure noircies de poudre, avec de la poudre dans sa poche, et qui avoua avoir fait des cartouches. Dans la maison du passage, et chez un locataire, était réfugié un individu qui y avait laissé son fusil, marqué sur la banderolle du nom de Parmentier. L'instruction a révélé que ce fugitif était le nommé Fourcade, et que le fusil lui avait été livré par son propriétaire lorsque, faisant partie d'une bande d'insurgés, Fourcade l'avait personnellement et avec violence sommé de donner ses armes. Divers habitans, notamment le nommé Polite, avait cédé à des sommations accompagnées des mêmes circonstances; Polite reconnut le nommé Grimbert comme celui à qui il avait été forcé de livrer son fusil. Le sieur Morel de Rubempré a été signalé par un témoin comme ayant paru seulement au moment du rassemblement tumultueux qui a précédé l'érection de la barricade. Il disait dans un café voisin qu'on était à l'aurore d'un beau jour, promenait dans la rue un drapeau tricolore garni de crêpes, et criait : *Vive la république!* Tous les accusés nient les faits à eux imputés, et prétendent, ou avoir été contraints par des rassemblemens, ou s'être trouvés comme curieux dans les endroits où ils ont été arrêtés ou signalés.

Le nommé Gentillon a été vu, dans l'après-midi du 6 juin, armé d'un fusil, et en faction près d'une barricade construite entre les rues Maubuée et Simon-le-Franc; le soir, il voulut rentrer avec ce fusil chez son logeur, qui refusa de le recevoir, et dans la paillasse par lui occupée dans ce garni on saisit un sabre. Gentillon a nié jusqu'à la possession du fusil en présence des dépositions des témoins.

En conséquence, sont accusés : 1° Leclerc, absent; Jouanne, absent; Jeanne, Rossignol, Goujon, Vigouroux, Fradelle, Falcy, Rojon, Fourcade, Métiger, Bouley, Conilleau, Dumineray, Mulette, Maris, Renouf, Coiffu, Lusky-Grimbert et François Gentillon, d'avoir, en juin 1832, commis un attentat dont le but était, soit de détruire ou de changer le gouvernement, soit d'exciter les citoyens ou habitans à s'armer contre l'autorité royale;

2° Fournier et Louise-Antoinette Alexandre sont accusés de s'être, à la même époque, rendus complices de cet attentat, en aidant et assistant avec connaissance les auteurs dudit attentat dans les faits qui l'ont préparé et facilité;

3° Fournier, de s'être, à la même époque, rendu complice dudit attentat, en procurant les instrumens et moyens qui ont servi à l'action, sachant qu'ils devaient y servir;

4° Fradelle, Falcy, Métiger, Bouley, Conilleau, Dumineray, Mulette, Maris, Renouf et Coiffu, d'avoir, à la même époque, fait partie d'une bande ayant tenté de détruire ou changer le gouvernement, et d'exciter les citoyens et habitans à s'armer contre l'autorité royale, et d'avoir été saisis sur le lieu de la réunion séditieuse;

5° Jeanne et Rossignol, d'avoir, à la même époque, faisant partie de cette bande ayant tenté de commettre le crime mentionné en l'article 87 du Code pénal, dirigé la sédition et exercé dans la bande un commandement ou emploi;

6° Fournier, d'avoir, à la même époque, connaissant le but et le caractère de ladite bande, fourni sans contrainte un lieu de retraite à ceux qui la composaient;

6° Leclerc, absent, Jouanne, absent; Jeanne, Rossignol, Goujon, Vigouroux, Fradelle, Falcy, Rojon, Fourcade, Métiger, Bouley! Conilleau, Dumineray Mulette, Maris, Renouf, Coiffu, Lusky-Grimbert, Gentillon et Charles Fournier, d'avoir, à la même époque, en réunion de plus de vingt personnes armées, attaqué avec violence et voies de fait la force publique agissant pour l'exécution des lois;

8° Jouanne, Jeanne, Rossignol, Goujon, Vigouroux, Fradelle, Falcy, Rojon, Fourcade, Métiger, Bouley, Conilleau, Dumineray et Mulette, d'avoir, à la même époque, volontairement et avec préméditation, commis des tentatives d'homicide sur des agens de la force publique, lesquelles tentatives manifestées par un commenment d'exécution, ont manqué leur effet seulement par des circonstances indépendantes de la volonté de leurs auteurs;

9° Fournier, de s'être, à la même époque, rendu complice desdites tentatives d'assassinats, en procurant aux auteurs desdites tentatives les moyens qui ont servi à l'action, sachant qu'ils devaient y servir;

10° Métiger, Bouley, Conilleau, Dumineray, Mulette, Maris, Renouf, Coiffu, d'avoir en juin 1832, en réunion en bande, et à force ouverte, pillé les propriétés mobilières appartenant tant à la demoiselle Lacouture qu'aux propriétaires et autres locataires de cette maison et des maisons voisines;

11° Fourcade, d'avoir à la même époque, en réunion ou bande et à force ouverte, pillé une propriété mobilière appartenant au nommé Parmentier;

12° Lusky-Grimbert, d'avoir, à la même époque, en réunion ou bande et à force ouverte, pillé une propriété mobilière appartenant au nommé Polite;

13° Et enfin Joseph Morel est prévenu: 1° d'avoir, en juin 1832, proféré publiquement des cris séditieux; 2° d'avoir, à la même époque, exposé dans des lieux publics un signe destiné à troubler la paix publique.

Après l'appel des témoins, et avant qu'ils soient retirés de l'audience, M. Delapalme, avocat-général, fait un exposé de l'accusation, et indique quelles seront les divisions et la marche des débats.

Les témoins sont en grand nombre; 76 ont été cités par le ministère public; un nombre à peu près égal a été cité par les accusés: parmi ces derniers, nous remarquons les noms de MM. Lafayette, Mauguin, Odilon-Barrot, le duc de Bassano, Clauzel, etc.

M. le président procède à l'interrogatoire des accusés.

M. le président. Rossignol, vous êtes accusé d'avoir participé à l'attentat des 5 et 6 juin; le 5 juin, vous avez été au convoi? R. Oui, Monsieur. — D. Vous avez été arrêté le 7? R. Oui, sur les dix heures. — D. Vous tenez un estaminet rue Saint-Martin? — R. Non, j'ai prêté de l'argent à Fournier ; Mlle Alexandre était dans le café pour veiller à mes intérêts.—D. Le 5, où êtes-vous allé? R. Chez moi prendre mon fusil.

M le président. L'accusation vous impute, armé que vous étiez de votre fusil, de vous être réuni aux séditieux qui occupaient la rue Saint-Martin ? R. Non, Monsieur ; j'allai au café Leclerc pour me réunir aux gardes nationaux de la compagnie ; je montai chez M. Morel

M. le président. Votre co-accusé ?

Rossignol. Oui, Monsieur. De là j'allai chez M. Blanc ; on me demanda si j'étais avec ou contre la garde nationale ; je me débarrassai de ces questions importunes : M. Blanc me dit qu'il n'avait pas d'ordre, et m'engagea à attendre et à retenir les gardes nationaux, afin de faire un noyau, et qu'il viendrait me rejoindre quand il aurait les ordres qu'il allait chercher à la mairie. J'attendis en effet ; une foule de curieux nous environnait ; parmi les gardes nationaux qui m'aidaient, étaient Simon, Jeanne, etc.

M. le président. L'accusation vous reproche d'avoir aidé et dirigé les révoltés dans la construction de la barricade établie en travers de la rue Saint-Martin.

Rossignol. Je n'y ai pris aucune part.

M. le président. L'accusation dit que vous êtes resté derrière cette barricade, et que vous avez fait feu. R. Non, monsieur, je n'ai pas fait feu ; j'étais, il est vrai, mais forcément, à la barricade ; il fallait bien jouer un rôle quelconque. — D. Quel rôle ? Commandiez-vous la barricade ? R. Non, Monsieur.

M. le président. Voici une lettre de vous, dans laquelle vous avouez avec orgueil avoir commandé la barricade.

Rossignol. On ne peut extraire ainsi un mot d'une lettre ; il faut la lire en entier.

M. le président. On la lira lors de l'audition des témoins.

Me Saunières. Il importe qu'elle soit lue ; les témoins n'ont rien à dire sur cette lettre ; une impression fâcheuse peut résulter de ce mot que vous venez de citer ; il est équitable que toute la lettre soit lue ; nous le demandons.

M. le président. Il n'y a encore ni accusation ni défense ; cette lettre sera lue plus tard.

Rossignol. Mlle Alexandre, que j'aime, que j'honore, qui sera ma compagne, était dans les fers ; je dus alors agir et parler franchement : j'écrivis donc cette lettre ; mais qu'on la lise en entier, et l'on verra qu'elle ne contient pas d'aveux.

M. le président. Quand je vous aurai interpelé, et quand les débats s'ouvriront vous la lirez. Prétendez-vous n'avoir pas fait partie....

Rossignol. M. le président, permettez-moi de ne pas vous répondre jusqu'à ce qu'il ait été statué sur la question de savoir si ma lettre sera lue.

Me Saunières rédige des conclusions.

M. le président. Eh bien, Rossignol, on va lire cette lettre.

M. l'avocat-général en donne lecture; il en résulte que l'accusé a déclaré qu'il s'imputait à honneur tout ce qu'il avait fait le 5 juin, en allant au convoi : quant à la barricade, il déclare n'y avoir été dans aucune vue d'hostilités; mais qu'il y était pour seconder les efforts de son commandant et des officiers de la garde nationale, avec lesquels il était exposé aux feux croisés des hommes qui étaient à la barricade, et de la garde nationale qui attaquait la même barricade. Cette lettre exprime en un mot des sentimens d'ordre, et l'accusé regrette qu'on ne l'ait pas secondé à détruire la barricade, et qu'ainsi on eût évité le sang qui a coulé avec tant d'abondance.

Me Saunières. Voilà ce qui a été signalé comme un crime. (Mouvement prolongé.)

M. le président. Vous niez avoir combattu? R. Certainement. — D. Le lendemain, qu'avez-vous fait? R. Je suis resté chez Fournier. Les volets ont été à plusieurs reprises criblés de balles, venant de la barricade même des insurgés; cela prouve qu'ils étaient fermés, on peut le vérifier.

M. le président. Fournier, êtes-vous seul propriétaire de l'estaminet rue Saint-Martin, n° 65? R. Oui. — D. Vous êtes allé au convoi? R. Oui, Monsieur. — Persistez-vous à soutenir qu'après être revenu du convoi, vous n'êtes plus ressorti. R. Oui, si ce n'est pour rechercher un de mes amis, fils d'un consul de Hollande, qui avait été tué, et auquel je voulais porter des secours. Je l'ai trouvé au passage du Saumon, il était mort. — D. Vous avez également prétendu que votre café était fermé? R. Oui, il l'a été dès midi. — D. L'accusation dit que les révoltés trouvaient un asile dans votre estaminet? R. Le 6, je suis sorti le matin, et je ne suis rentré qu'à midi. — D. L'accusation prétend que de vos fenêtres on jetait des cartouches aux révoltés, que vous distribuiez des balles, que vous applaudissiez aux efforts des insurgés? R. On a pu le prétendre, mais c'est faux.

M. le président passe à l'interrogatoire de la demoiselle Alexandre; cette accusée est mise avec élégance, sa figure est jolie, ses traits sont réguliers, et son émotion est visible.

D Avez-vous un intérêt dans l'établissement de Fournier? R. Non, Monsieur. — D L'accusation prétend que, dans la journée du 6, vous étiez sur le balcon de l'estaminet; qu'ayant un journal à la main, vous faisiez des signaux aux révoltés, que vous leur disiez quand ils devaient faire feu ou se retirer. R. C'est faux. — D. L'accusation dit que vous avez été vue applaudissant à la mort des gardes nationaux? R. Cela n'est pas croyable. — D. N'a-t-on pas fondu des balles chez vous? R. C'est possible, je n'en sais rien;

j'étais tellement troublée, que je ne sais ce qu'on a fait. — D. On a trouvé dans votre établissement une casserole contenant du plomb fondu.

Fournier et Rossignol. Cette casserole a été trouvée au 4e étage, et en notre absence.

M. le président relève quelques réponses faites par la Dlle Alexandre dans l'instruction, et qui sont en contradiction avec celles de l'audience.

Rossignol. Mlle Alexandre, mon épouse (désormais je l'appellerai ainsi), a été comme nous l'objet des violences et des injures les plus graves; et si quelques paroles ont pu lui échapper, elles s'expliquent par sa douleur et son émotion.

La demoiselle Alexandre. J'avais la tête égarée; d'ailleurs, quand j'ai parlé de casserole et de balles fondues, j'ai parlé d'un oui-dire, et non d'un fait qui était à ma connaissance personnelle.

M. le président. Je vous fais remarquer que vous n'avez été interrogée que le 11 juin; vous deviez être calmée.

Après une courte suspension, l'audience est reprise.

M. le président interroge l'accusé Jeanne. Cet accusé est de petite taille, il est maigre et pâle; son attitude annonce un homme de résolution; à sa boutonnière on remarque la décoration de Juillet; une cocarde tricolore est placée sur son chapeau.

M. le président. Jeanne, vous connaissiez Rossignol? R. *Oui, Monsieur.* — D. Le 5 du mois de juin, vous assistiez au convoi? R. *Oui, Monsieur.* — En revenant, n'avez-vous pas crié: *Aux armes?* R. *Oui;* j'ai fait comme faisaient tous les *gardes nationaux.* — D. Sur les cinq heures, *n'étiez-vous pas au carrefour* Saint-Méry? R. *Oui, avec l'arme que j'étais allé prendre chez moi.* — D. Vous avez travaillé à la barricade? R. Oui: *deux gardes nationaux* avaient été *tués* près de moi sur le boulevart Bourdon; on a *tiré sur nous* sans *provocation*, une *indignation* générale se répandit partout; *je courus à mes armes;* j'allai au carrefour Saint-Martin, pensant que les autres *gardes nationaux se joindraient à moi; je fis construire une barricade*, pensant que les gardes nationaux, voulant se défendre contre une *aggression injuste et non méritée*, se joindraient à nous. — D. N'avez-vous pas commandé le feu? R. *Une première colonne* d'hommes entra; nous les reçûmes sans méfiance, les prenant pour des amis. Ils se jetèrent sur un jeune homme, auquel ils donnèrent un coup de crosse de fusil, qui lui fit au front une large blessure. *Je me jetai au-devant d'eux;* je les engageai à s'en aller; que l'on se vengerait peut-être de la blessure. Ils écoutèrent mon conseil, s'enfuirent, et firent bien.

M. le président. Ne proposa-t-on pas au chef de cette colonne ou patrouille de se réunir aux insurgés? R. Non pas au chef de cette patrouille, mais d'une *colonne de quatre cents hommes au moins.* On leur cria *qui vive?* on leur demanda s'ils venaient comme amis ou comme ennemis; ils paraissaient hésiter. *Rossignol* proposa d'aller en parlementaire pour éviter l'effusion du sang; Rossignol y alla, et parla à l'officier; les gardes nationaux, après avoir parlé, s'avancèrent près de nous; alors ils tentèrent de gravir la barricade, en criant : *Coquins, nous vous tenons.* On croisa la baïonnette, ils tirèrent le premier coup de feu.

M. le président. N'avez-vous pas commandé le feu?

L'accusé. Non, car une *balle* venait de m'atteindre au milieu des *reins* et m'avait *renversé;* je me *levai* toutefois, et je *tirai* un coup de *fusil*, un seul coup, car ils ont pris la fuite.

M. le président. N'êtes-vous pas resté toute la nuit derrière la barricade? R. *Oui, et je faisais feu.* — D. Ne distribuiez-vous pas des cartouches? R. Oui, *quand il en était besoin.*

M. le président. Le lendemain, vous avez tiré toute la journée? R. *Toute la journée.* — D. Ne vous êtes-vous pas introduit dans la maison nº 30? R. *Oui.* — D. N'êtes-vous pas un de ceux qui tiraient des croisées de la maison nº 30, à la fin de l'attaque? R. *Oui,* quand on se rendit *maître* de la *barricade,* nous *n'avions* plus de *cartouches*, sans cela nous y serions *restés;* nous nous sommes retirés en traversant *à la baïonnette la troupe de ligne.* Nous avons perdu *troi hommes*, les autres *ont pu échapper.* — D. Vous vous êtes retiré déguisé en ouvrier? *Oui*, mais le *lendemain 7 juin*, *le matin*, parce qu'on me dit que la maison était investie. — D. Vous aviez les cheveux noirs? R. Oui, je m'étais teint ainsi les cheveux pour n'être pas reconnu après les événemens.

A cet interrogatoire, subi par l'accusé avec un grand calme, succède une vive impression.

M. le président. Goujon, vous êtes-vous réuni aux révoltés? R. Non, M. le président; le 5 juin, j'ai été au cortège par la place Vendôme; j'étais seul, j'ai accompagné le convoi jusqu'au boulevart du Pont-aux-Choux; on criait *à bas Philippe!* à bas mille choses. En voyant qu'il y aurait du bruit, je me suis retiré en homme sage; chemin faisant (je demeure rue Saint-Méry), j'eus occasion de sauver deux gardes nationaux. Arrivé près de la rue, on me prit par le bras, et on me dit : Tu es un brave de juillet? C'est vrai, je me suis battu comme un autre. Alors on me dit : Tu es des nôtres; il y avait des gardes nationaux, ça me tranquillisait; on m'embusqua dans la maison nº 30; on me prit pour un sergent de ville, c'était pas agréable; je dis à un officier : Monsieur, évitez-moi le désagrément d'être fusillé par ces messieurs les insurgés; voyez mes mains, elles sont d'un ouvrier : ça prit et je ne fus pas tué. Après, on me donna une boîte en ferblanc pour la porter; bonne commission, que je dis; enfin il fallait bien filer : chemin faisant j'entrai chez un marchand de vin, je demandai un verre de vin, j'en bus même plusieurs, je lui donnai la boîte de poudre; de là, je voulais voir comme ça se passait, j'allai avec le fusil qu'on m'avait donné, je retrouvai encore des insurgés qui me firent charger mon fusil; un voisin voulait me faire rentrer. Oh! non, que je dis; j'ai un coup de chargé, et je vais le tirer sur les républicains, et je l'ai réellement tiré. — D. N'avez-vous pas été blessé? R Oui, j'ai reçu plusieurs coups de feu. — D. L'accusation prétend que le 5 et le 6 vous avez fait feu. R. Non. — D. Vous étiez occupé à distribuer de la poudre? R. Je n'en ai donné qu'à une personne. — D. Et vous avez tiré sur les républicains? R. Je ne leur ai pas demandé s'ils étaient républicains, j'ai tiré sur les insurgés, républicains ou non.

M. le président. N'avez-vous pas été désarmé par un nommé Seigneur? R. Non, Monsieur; j'ai laissé mon fusil chez un voisin.

M. le président. Mulette, vous avez été arrêté au nº 32 de la rue Saint-Martin? R. J'ai été arrêté au nº 30. — D. Vous vous trompez, l'accusation ne vous reprochait pas d'y avoir été arrêté. C'est de cette maison qu'est parti le feu meurtrier pendant toute la journée du 6: que faisiez-vous là? R. On tirait dans la rue, les balles sifflaient; je me retirai au nº 30. — D. Vous aviez les mains et le côté droit de la figure noircis de poudre? R. Non, j'étais sali parce qu'on m'avait traîné dans la rue. — D. Vous aviez de la poudre dans votre poche? R. Oui, en entrant dans le nº 30 on m'a forcé de me mettre à une table pour faire des cartouches, j'ai regardé, mais je n'ai pas fait de cartouches.

M. le président. Brunet, vous avez été arrêté dans la maison nº 30? R. Non, Monsieur; j'ai été arrêté plus loin. — D. Vous étiez caché dans une cheminée? R. Oui. — D. Il y avait un fusil qui avait servi à faire feu? R. Il n'y avait pas de fusil. — D. Vous aviez la bouche marquée de poudre? R. J'avais la figure barbouillée de suie; on ne peut pas être blanc quand on sort d'une cheminée. — D. Vous aviez de la poudre dans votre poche? R. J'avais 3 fr. 10 sous qu'on m'a pris, et qu'on ne m'a pas rendus. — D. Et n'avez-vous pas l'habitude de prendre? n'avez-vous pas été condamné à un an pour vol? R. C'est vrai. — D. Que faisiez-vous dans cette maison, caché dans la cheminée? R. J'avais peur.

M. le président. Métiger, vous demeurez rue Saint-Méry, nº 45? R. Oui. — D. Vous avez été arrêté rue Saint-Méry, nº 48? R. Oui. — D. Que faisiez-vous? R. Je m'y étais réfugié parce que la porte de la maison où je demeure était fermée. — D. Vous étiez dans une allée? R. Oui, quand la troupe y est entrée, et je me suis sauvé au cinquième. — D. Vous aviez de la poudre et des balles dans votre poche? R. Les militaires ont pris de la poix que j'avais aux mains (je suis cordonnier) pour de la poudre, et m'ont dit que j'étais un lâche en me frappant; je n'avais rien dans mes poches, le procès-verbal du commissaire de police porte qu'on n'a rien trouvé sur moi.

M. le président. L'accusation prétend que, lors de l'arrivée de la troupe, vous vous êtes enfui par les toits de la maison n° 30, rue Saint-Martin, et que vous vous êtes réfugié dans la maison n° 48.

M. le président. Fredelle, expliquez comment vous étiez dans la maison n° 30? — R. Je m'en suis sauvé. Le 6 juin, je voulais aller voir ma cousine, rue du Paon; on m'a empêché de monter, je m'en suis retourné; mais la ligne fit feu, je me réfugiai dans l'encoignure d'une allée; la troupe recommençait à tirer, mais la porte était fermée, je me suis sauvé au n° 30. — D. Fondait-on du plomb dans cette maison? — R. Oui. — D. N'y faisait-on pas des barricades? — R. Oui, j'y travaillais pour me défendre; on disait qu'on tuait tout le monde, et puis les insurgés m'auraient tué si je n'eusse pas travaillé.

M. le président. Ils vous auraient tué?

L'accusé. C'est tout simple.

D. Comment vous êtes-vous sauvé? R. Avec une échelle, et par le toit, où il y avait un endroit fait exprès; je suis sorti de la maison n° 30. — D. Vous êtes sorti avec une échelle? R. Voilà. — D. Et vous avez sauté dans la maison voisine? R. Très-bien. — D. On vous a trouvé dans un lit? Oui, dans un matelas plié en deux. — Et un fusil était sous la couverture? R. Oui. — D. Vous aviez la bouche noire? R. Je ne le crois pas. — D. L'accusation soutient que vous auriez avoué n'avoir tiré qu'un coup de fusil?

L'accusé. J'ai dit que je n'en avais tiré *aucun*.

M. le président. Coiffu, vous avez été condamné pour rébellion? R. Oui, à six mois, en septembre 1831. — D. Vous avez été arrêté au n° 48? R. J'allai chez mon bourgeois, où je restai jusqu'à deux heures; en sortant on tirait beaucoup; je voulus aller voir ce que c'était, je me trouvai rue Saint-Méry; on tirait, et je me suis sauvé dans une allée. — D. C'était la curiosité qui vous amenait au milieu des balles? R. Je ne savais pas qu'on tirait quand je me suis trouvé là.

M. le président, Boulay, vous avez été arrêté rue Saint-Méry, n° 48? R. Oui. — D. Vous sortiez de la maison n° 30, rue Saint-Martin? R. Oui, Monsieur. — D. N'avez-vous pas eu un fusil dans la journée du 6? R. Non, Monsieur.

M. le président. Renouf, vous demeurez rue du Faubourg-Saint-Martin, et vous avez été arrêté rue Saint-Méry, n° 48; c'est bien loin de votre domicile. R. J'étais sorti par curiosité, et j'ai été obligé de me réfugier dans une allée pour éviter les balles.

M. le président. L'accusation prétend que vous aviez occupé la maison rue Saint-Martin, n° 30, et que vous vous en étiez échappé par les toits. R. C'est une erreur; des témoins ont dit m'avoir reconnu, mais ils se sont trompés; il y a plusieurs figures qui se ressemblent.

M. le président interroge Conilleau, décoré de Juillet. — D. Où demeurez-vous? R. Rue des Nonaindières. — D. Vous avez été arrêté rue Saint-Méry, nº 48? R. Je ne sais pas le numéro: je suis entré par les toits, en sortant de la maison nº 30. — D, Vous étiez blessé? R. Oui, c'est vrai; le 5, en revenant de voir un ami, il était près de neuf heures, au coin de la rue Bourg-l'Abbé, la garde nationale fit feu; je fus blessé, je rentrai chez moi. Le lendemain je sortis pour me faire panser et pour chercher un de mes camarades que j'avais perdu la veille, au moment où j'avais été blessé. Je pris le même chemin que la veille; j'entrai dans la rue Saint-Martin, la garde nationale faisait feu; je franchis la barricade, et je me jetai dans la maison nº 30: c'est là que nous nous sommes barricadés. — D. A quel endroit, le 5, avez-vous été blessé? R. Je vous l'ai dit, au coin de la rue Bourg-l'Abbé. — D. Comment, ayant été blessé le 5, ne vous êtes-vous pas fait panser le 6? R. La blessure était peu grave. — D. Ne serait-ce pas le 6 que vous auriez été blessé? R. Non, Monsieur. — D. N'aviez-vous pas un fusil le 6? R. Non, Monsieur.

M. le président oppose à l'accusé ses premiers interrogatoires.

L'accusé. J'ai répondu à un soi-disant commissaire de police qui n'était pas revêtu de ses insignes; aussi ai-je répondu sans y attacher aucune importance, me réservant de dire la vérité devant le conseil de guerre où je devais être jugé. — D. Vous aviez les mains salies de poudre? R. Quand on monte sur des toits, on s'accroche à tout, et les mains doivent être sales.

M. le président. Dumineray, vous avez été arrêté rue Saint-Méry, nº 48? R. Oui, je m'y étais réfugié pour éviter les coups de fusil. — D. Par où êtes-vous entré dans cette maison? R. Par l'allée, sur les deux heures. — D. Vous aviez la figure et les mains salies de poudre? R. Les soldats étaient tellement exaspérés qu'ils voyaient de la poudre partout. — D. N'aviez-vous pas une arme? R. Non, Monsieur. — Qu'alliez-vous faire dans ce quartier? R. Par curiosité. — D. Vous étiez allé la veille au convoi du général Lamarque? R. J'ai été le voir passer. — D. Des témoins disent vous avoir vu dans la maison nº 30, et ils ajoutent que vous vous donniez beaucoup de mouvement? R. C'est faux.

M. le président. Falcy, vous avez été arrêté au nº 48? R. Oui, je passais par la rue du Poirier pour rentrer dans mon quartier, et je fus forcé de me cacher pour ne pas me faire tuer. — D. Lorsque vous avez été arrêté, vous aviez un fusil à la main? R. Je ne me suis jamais servi de fusil. — D. On prétend qu'on a été obligé de vous désarmer? R. Ce n'est pas. — D. Vous aviez les lèvres et les mains noires? R. Je suis serrurier, mes mains doivent être noires.

M. le président. Vigouroux, vous appartenez au 62e régiment d'infanterie? R. Oui, mais j'étais en congé depuis le mois de mai. — D. Dans le nombre des révoltés qui ont défendu avec tant d'opiniâtreté la maison n° 30, on a remarqué un soldat du 62e : n'était-ce pas vous? R. Non, Monsieur; j'étais malade au point que je pouvais à peine sortir. — D. Il n'y avait alors à Paris que deux soldats du 62e, vous et Charrier; et l'accusation ne reproche rien à Charrier. R. Je n'étais pas rue Saint-Méry. — D. L'accusation prétend que vous disiez que vous seriez perdu si vous aviez le dessous? R. Comment voulez-vous que je me batte? je suis soldat. — D. On prétend qne vous étiez caché sous le lit d'une demoiselle Morand? R. C'est faux. — D. La demoiselle Morand le prétend. R. Les personnes de ma maison vous prouveront que je suis resté chez moi.

M. le président. Maris, vous avez été arrêté le 6 juin, au n° 50 de la rue Saint-Méry? R. Oui, au moment où je sortais du n° 30. — D. Vous sortiez de la porte du n° 30, de l'étal d'un boucher? R. C'est vrai. — D. Vous étiez avec les insurgés au n° 30. R. J'y étais sans y être. — D. N'avez-vous pas dépavé la cour? R. Non; on m'a dit de faire des barricades, j'ai pris quelques pavés, et aussitôt que j'ai vu jour je me suis sauvé. — D. De cette boutique de boucher, ne tirait-on pas sur la troupe? R. Non. — D. Vous étiez armé? R. Oui, j'avais un fusil qui provenait de la boutique du boucher; des jeunes gens qui venaient de se sauver l'avaient laissé.

M. le président. Rojon, n'avez-vous pas été tambour dans la garde nationale? R. Oui, président. — D. Le 6, ne vous êtes-vous pas réuni aux révoltés? R. Non. — D. Le 7, n'avez-vous pas dit que vous aviez pris part à l'insurrection, et que vous aviez tiré sur la garde nationale? R. Non, Monsieur. — D. Pendant l'attaque, n'êtes-vous pas monté au clocher de l'église Saint-Méry? R. C'est faux.

M. le président. Gentillon, le 6, n'avez-vous pas été dans la rue Saint-Martin? R Non, Monsieur — D. N'étiez-vous pas à la barricade de la rue Maubuée? R. J'y étais, mais sans armes. — D. L'accusation prétend que dès le 5 vous aviez un fusil? R. Non. — D. Le 5, n'êtes-vous pas rentré chez votre logeur avec un fusil? R. Oui, avec un fusil que j'ai trouvé au coin d'une borne; mon logeur m'a mis à la porte, et j'ai été reporter le fusil où je l'avais trouvé. — D. Sous votre lit on a trouvé un sabre? R. C'est faux, et si on l'y a mis ce n'est pas moi.

M. le président. Grimbert, vous êtes Polonais, et vous n'êtes pas naturalisé Français? R. C'est vrai; je suis en France depuis trois ans. — D. Vous êtes marchand; on a saisi chez vous beaucoup de gravures obscènes. R. Oui, c'est vrai, je vends de tout; il y avait aussi un portrait de Louis-Philippe. — D. N'étiez-vous pas avec des révoltés, et n'avez-vous pas voulu pénétrer chez Simon père pour le désarmer? R. Ce n'est pas moi.

D. L'accusation prétend que vous auriez pénétré chez Polite, où vous auriez pris un fusil? R. J'y ai été avec mon femme, c'est vrai. Mon femme, je me trompe, mais j'attends que je me marie avec elle. Ce Polite est cordonnier, et chausse des sergens de ville, il passe pour un mouchard. On voulait enfoncer son boutique, on commença à l'enfoncer. M. Polite était dans son grenier; j'entrai avec M. Polite; alors je dis à lui : « M. Polite, donnez-moi plutôt le fusil, on vous le prendra. » Il le donna à moi pour le bon motif. — D. C'est donc pour lui rendre service que vous avez pris le fusil de Polite? R. Oui, Monsieur; en sortant de chez lui, on frappa à côté dans une boutique; j'étais avec ces gens-là, qui m'embarrassaient; ils voulaient me faire partir pour aller à la barricade. Quant à Simon, cet homme n'a rien pour faire des barricades. Si j'avais voulu des instrumens, j'aurais pas été chez le père Simon; c't'homme vend des petits pots de pommade et de la chiffon; il a des vieilles fourchettes, et pour faire une barricade j'aurais plitôt pris une touzaine de poêles chez mon voisin, avec ça j'aurais plitôt fait un barricade qu'avec une temi touzaine d'assiettes et un pot; et puis jamais je me suis mal comporté avec le gouvernement, et si je n'aimais pas Louis-Philippe, j'aurais pas acheté son portrait; et puis encore un point, on a ouvert une caisse à moi où qu'il y avait un billet qui prouvait que tous les samedis je faisais venir mes amis pour chanter des prières pour Louis-Philippe. — D. Êtes-vous marié? R. J'attends ici pour me marier avec mon femme.

M. le président. Fourcade, le 6 juin, n'étiez-vous pas avec un rassemblement, rue Montmorency, n. 44, chez M. Parmentier?

L'accusé raconte qu'une foule d'individus le forcèrent à entrer dans cette maison; que, cédant à leurs menaces, il les suivit. On demanda, dit l'accusé, le fusil à l'épicier; je lui fis signe, et je lui dis de me le confier, que je le lui rapporterais aussitôt que je serais débarrassé de ceux qui me forçaient. Je remis à M. Parmentier une carte portant le nom de M. Lambert, où je vais tous les jours. — D. N'avez-vous pas dit à M. Parmentier, en lui remettant cette carte, que vous lui rapporteriez son fusil si vous n'étiez pas tué? R. Non, Monsieur. — D. Ne vous êtes-vous pas réfugié chez M. Michel, et ne lui avez-vous pas déposé votre fusil, en disant que vous n'aviez plus de cartouches? R. J'ai remis le fusil, mais sans rien dire; ce fusil n'a pas été tiré. — D. Vous avez été condamné à deux ans de prison? R. Oui. — D. Depuis, n'avez-vous pas été condamné? R. Non, Monsieur.

Audition des témoins. — Faits généraux.

M. Millerat. Le 5 juin, à 7 heures du soir, il y avait un groupe de jeunes gens, rue Saint-Méry; ils étaient accompagnés d'un général qui pouvait avoir 60 ans; ils ont arrêté une voiture; le général a donné des ordres; on a dételé les chevaux, on a renversé la voiture. Ensuite il y avait plusieurs gardes nationaux de la légion devant le café, et toute la nuit on a travaillé à faire la barricade en criant : *Vive la république!* Le soir, est arrivé un détachement de la garde nationale; et les insurgés ont tiré les premiers dessus. A trois heures et demie du matin, le 25e de ligne est venu pour prendre la barricade, mais ils ont été repoussés; ils ont laissé au moins 12 ou 15 fusils sur la barricade. Les insurgés, après avoir tiré, criaient : *Vive la république!* et chantaient des chansons républicaines. A tous ceux qui passaient on criait : *Qui vive?* Le lendemain ils sont venus, et ont enfoncé ma porte; ils m'ont demandé mon fusil : j'ai répondu que je n'en avais pas; il m'ont appelé Louis-Philippe. Voyant que je résistais, ils m'ont emmené de force pour que je visse ceux qui étaient tués; ils m'ont en effet montré deux cadavres, celui d'un bourgeois et celui d'un voltigeur du 3e léger; ils m'ont laissé aller, et je suis rentré chez moi. Ils sont revenus 12 ou 15 fois chez moi; ils voulaient monter des moellons; je leur dis, pour les arrêter, que deux heures auparavant ma femme avait été condamnée à mort par la faculté de médecine, et qu'ils la feraient mourir plus tôt. Au moment où je disais cela, ma femme descend. « Ah! tu nous mens! me dirent-ils —Non, non, que je repris, ce n'est pas ma femme, c'est la garde-malade qui va chercher un peu de sirop pour prolonger les instans de ma pauvre femme; vous ne voudriez pas abréger les jours d'une mère de famille. — Non, non, dirent-ils, tu nous a l'air d'un bon b.....; va soigner ta femme, » et ils se retirèrent.

D. Ont-ils demandé du vin? R Oui, ils en ont pris beaucoup, en disant : « Va, Louis-Philippe, tu seras bien payé; » mais je n'ai pas reçu beaucoup de monnaie.—D Quel est le régiment qui s'est emparé de la barricade? R. C'est le 42e régiment de ligne, qui nous a sauvés de l'esclavage où nous étions depuis vingt-trois heures. —D. Dans la journée, tirait-on constamment? R. J'ai vu tuer un adjudant-major ainsi qu'un grenadier de la garde nationale; on tirait à chaque instant.

L'accusé Jeanne. Je demanderai au témoin s'il est bien sûr d'avoir vu un général?

Le témoin. Oui.

Jeanne. Il n'y en avait pas, je l'affirme sur l'honneur, et je puis le faire.

M. le président. Prenez garde, vous avez pu ne pas voir ce général.

Jeanne. Comment le témoin a-t-il pu voir que nous avions commencé les premiers le feu?

Le témoin. De ma fenêtre.

Jeanne. Le témoin a dit qu'il n'avait pas quitté son escalier; mais passons. Le témoin dit avoir vu deux cadavres, les a-t-il bien regardés?

Le témoin. Oui.

Jeanne. C'est lui qui a demandé à les voir.

Me Saunières. Le témoin a-t-il vu un parlementaire qui entra en pourparlers avec la garde nationale?

M. le président. Témoin, soit à huit heures du soir, soit à dix heures.....

Me Saunières. Quand je pose une question, j'en comprends l'importance, et j'ai besoin qu'elle soit posée dans les termes que j'ai fixés moi-même.

M. le président. C'est une erreur; je puis même ne pas poser la question, si elle me paraît inutile à la découverte de la vérité. Témoin, soit à huit heures, soit.....

Me Saunières. M. le président, j'insiste, car j'en ai le droit, d'après l'article 319 du Code d'instruction criminelle.

Me Saunières prend des conclusions qu'il développe, et soutient avec énergie que ce serait entraver la défense, et ôter aux accusés tous leurs avantages, si le président pouvait à son gré ne pas poser ou poser dans des termes différens les questions faites par les accusés.

M. Delapalme soutient, au contraire, que, par cela seul que la loi avait voulu que la question passât par l'organe du président, elle avait laissé à ce magistrat le droit de la poser dans les termes qui lui paraîtraient le plus convenables.

La cour, après un quart d'heure de délibération, rend un arrêt portant en droit que le président pouvant, en vertu de l'article 270 du Code d'instruction criminelle, retrancher du débat ce qui peut le prolonger inutilement, il peut, par conséquent, refuser même de poser la question, et à plus forte raison la formuler dans des termes autres que ceux dans lesquels elle a été présentée.

L'arrêt décide d'ailleurs, en fait, que le président ne s'était pas refusé à poser la question, et qu'il avait été interrompu au moment où il allait la poser.

Me Saunières. Je ne veux pas incidenter; mais je fais remarquer que M. le président n'a été interrompu que parce qu'il présentait la question dans des termes tout-à-fait différens de ceux que j'avais énoncés.

M. le président. Cela sera consigné au procès-verbal.

Après cet incident, la question est posée au témoin, qui déclare n'avoir pas vu de parlementaire.

Le sieur Dupont, tailleur, raconte les faits généraux dans le même sens que le témoin précédent ; il ajoute qu'il a vu des drapeaux ; sur l'un d'eux on lisait : *Au général Lamarque, la société des typographes.* Ce témoin a également vu un général ayant la croix de commandant de la Légion-d'Honneur ; il a vu parlementer, et immédiatement après il a entendu une décharge ; mais il ne peut dire de quel côté le feu a commencé. « J'ai vu, dit le sieur Dupont, le nommé Rojon, décoré de juillet ; il allait comme à la chasse, d'une barricade à l'autre, et tirait souvent : je le reconnais bien, il était décoré de juillet. »

Rojon. C'est faux, j'étais ailleurs.

Il est cinq heures ; l'audience est levée, et renvoyée au lendemain

SECONDE AUDIENCE. (24 OCTOBRE.)

A l'ouverture de l'audience, un incident déjà soulevé hier se renouvelle encore. L'accusé Vigouroux, soldat, s'était présenté hier en habit bourgeois ; M. le président lui avait enjoint de se représenter à la deuxième audience avec son habit d'uniforme. Vigouroux ayant objecté que son habit d'uniforme était dans la rue des Gravilliers, M. le président ordonna en conséquence que l'on irait saisir cet habit.

M. le président. Vigouroux, vous m'avez trompé en me disant hier que vos habits d'uniforme étaient rue des Gravilliers ; ils étaient à la conciergerie.

Vigouroux. J'avais ordonné qu'on les y portât, et je croyais cet ordre exécuté.

Le sieur Mouillet, médecin, déclare avoir vu un homme favoriser les insurgés et leur fournir des munitions.

M. le président. Pourriez-vous bien reconnaître cet homme ?

Le témoin. Ce ne sera pas bien difficile.

Tous les accusés se lèvent.

Le témoin, signalant l'accusé Conilleau. Voilà cet individu.

M. le président. Témoin, je vous fais observer que dans l'instruction vous reconnaissiez Fournier et non Conilleau.

Le témoin. Ah ! oui, oui, vous avez raison, je reconnais bien ce monsieur (Fournier), c'est bien lui.

Fournier nie les faits que lui reproche le témoin.

M. Yvon, distillateur, rue Saint-Martin, n° 65. Je connais les accusés Rossignol, Fournier et la demoiselle Alexandre; je sais que MM. Rossignol et Fournier m'ont empêché de fermer la porte cochère; ils s'y sont opposés en disant que leur établissement étant public, il devait être ouvert à tout le monde. Un des garçons de l'estaminet de M. Fournier a dit le mardi dès le matin, à l'un de mes garçons nommé Félix, que le soir on se battrait; qu'il avait déjà reçu un fusil, et que, quand tout serait en train, il s'amuserait.

Le témoin ajoute qu'après le combat, ayant appris que trois hommes étaient réfugiés sur son toit, il pria M. Rossignol de venir avec lui pour les engager à se retirer, pensant que M. Rossignol aurait assez d'influence. « J'ajouterai même que M. Rossignol parla à demi-voix à un de ces hommes, et que ce n'est qu'alors qu'ils se sont retirés. »

Rossignol. Oui, j'ai dit : Sauvez-vous, malheureux! Je ne voulais pas les livrer, et le témoin pensait comme moi; veuillez lui demander s'il voulait livrer ces hommes.

Le témoin. Non, ce n'était pas mon intention. J'ai su également que des propositions avaient été faites par la *Société des Amis du Peuple* au locataire du premier, afin qu'il leur livrât au besoin son logement, et que ces propositions n'ont pas été accueillies.

Jeanne. Je demanderai que le témoin ne soit pas dans la même salle que son garçon Félix.

M. le président. Huissiers, veillez à ce que ces deux témoins ne communiquent pas ensemble.

Rèche, décoré de juillet, ouvrier serrurier. Le 13 mai, un nommé Lépine me proposa d'entrer dans une société dont il faisait partie; il m'engagea à enrôler des mécontens, et me dit que si je pouvais former une section de vingt personnes, j'engagerais quelques-uns de ces enrôlés à former d'autres sections, et que quand nous serions cent, il nous délivrerait un drapeau. Le 5 juin, je le revis encore; il me fit de belles promesses, me dit même que si nous réussissions, il me ferait commissaire de police (on rit); que l'on ne pouvait plus reculer; que la poire était mûre, et qu'il fallait en finir.

(Le témoin donne de longs renseignemens sur ce qui lui a été dit dans les premiers jours de juin; il raconte qu'on lui a assuré qu'un vaste complot était formé; que les conspirateurs avaient un fort parti dans la ligne; mais qu'ils n'avaient pu corrompre ni les dragons ni la garde municipale; qu'on avait obtenu que le convoi passerait par les boulevarts; que cela était fort avantageux, parce qu'une fois sur la place de la Bastille, on proclamerait la république.)

Jeanne. Comment se fait-il que le témoin, qui, dès le 4, savait qu'une conspiration devait éclater, et qu'il y aurait des balles pour tout le monde, car elles ne choisissent pas; comment se fait-il, dis-je, qu'il soit allé au convoi?

Me Marie. Et surtout pourquoi ne s'est-il pas réuni à sa compagnie?

Le témoin. Je n'étais pas encore de la garde nationale; je n'en ai fait partie que le 6 juin. J'avais cessé d'en faire partie depuis l'affaire de l'Archevêché.

Jeanne. Pourquoi le témoin avait-il quitté la garde nationale?

Le témoin. Parce que je suis ouvrier, et que je n'avais pas le moyen de faire le service.

Félix Monnier, garçon chez M. Yvon, est appelé. « J'ai vu M. Rossignol à la barricade Saint-Méry, avec plusieurs individus qui ont tiré; quant à lui, je ne sais pas s'il a fait feu. L'établissement de M. Fournier a été tantôt ouvert, tantôt fermé. »

M. le président. Le 5 juin, avez-vous eu occasion de parler avec un des garçons de M. Fournier? R. Oui, monsieur, il m'a dit, le 5 au matin, qu'on devait se battre dans la journée, et qu'il irait se battre si on se battait. — D. Ne vous dit-il pas qu'il avait reçu un fusil? R. Non, monsieur, il ne m'en a pas parlé.

(M. Yvon est introduit de nouveau. M. le président lui fait observer que le témoin Félix déclare ne pas lui avoir parlé de fusil.)

M. Yvon. Je suis bien certain qu'il me l'a dit.

Félix. Je ne me le rappelle pas: peut-être que ce garçon m'aura dit qu'il prendrait un fusil s'il en trouvait un; mais je ne me souviens pas du tout de lui avoir entendu parler de fusil déjà reçu.

Boirel, corroyeur. Il y a un nommé Lépine qui a voulu me faire entrer dans l'*Association gauloise.* Comme il avait une tante abbesse, je l'ai pris pour un carliste; il l'était en effet; je ne l'écoutai pas: la veille du convoi il m'aborda encore, me demanda si j'irais au convoi; sur ma réponse affirmative, il me dit: « Munissez-vous de deux pierres à fusil, d'une épinglette, et ayez les yeux sur moi. »

M. Martin, fabricant de cannes. Je connais Rojon et M. Rossignol. Le 5 juin, voyant du bruit au convoi, je me suis retiré pour me mettre à la tête de ma compagnie; je parcourus le quartier Saint-Denis avec les tambours. En arrivant à la barricade de la rue Saint-Martin, j'entendis crier *vive la garde nationale!* Je ne croyais pas me trouver au milieu d'une horde de révoltés. A ce moment je vis Rossignol s'agitant beaucoup; il vint à moi et me dit: « Qu'allez-vous faire, capitaine? est-ce pour aujourd'hui ou demain que nous serons libres? Voyant qu'il n'entendait pas la liberté comme moi, je le saisis par sa buffleterie. A ce moment partit une bordée qui n'atteignit personne; mais la seconde bordée atteignit deux de mes hommes, qui furent tués; trois autres furent blessés: l'un des hommes tués était M. Proche, honnête fabricant, soldat d'Egypte, et qui nourrissait cent ouvriers.—D. Qui est-ce qui a fait feu? R. Les révoltés ont fait feu deux fois avant qu'on leur répondît. — D. Que vous dit Rossignol? R. Il me dit : « Vous ne voyez pas qu'on nous assassine; joignez-vous à nous, vous ferez bien. »

Rossignol. J'ai parlé au témoin, mais ce qu'il dit est inexact; et je lui demande s'il était assez de sang-froid pour bien retenir les paroles qu'il prétend avoir été proférées par moi.

Le témoin. J'ai pu être troublé, ému, mais c'est quand j'ai entendu deux décharges par des hommes auxquels je m'étais en quelque sorte abandonné, ainsi que ma compagnie, ne croyant pas être au milieu d'ennemis. Je dois ajouter que lors de la première décharge M. Rossignol était encore avec moi.

Rossignol. J'étais entre deux feux, et je suis entré dans la rue Saint-Méry, et non dans la barricade; car j'avais, ainsi que M. Martin, un intérêt à éviter le feu de la barricade.

M. Delapalme. M. Martin ne connaît-il pas des personnes qui auraient vu et qui pourraient reconnaître celui qui aurait tué M. Proche :

M. Martin. Oui.

M. Martin donne le nom de deux témoins, dont M. le président ordonne l'audition.

M. Etienne, chef du jury. M. le président, il a été question hier de l'adjudant-major Pellier; j'ai deux sergens de ma légion qui y étaient; peut-être pourraient-ils donner quelques renseignemens. (Marques d'étonnement.)

M. le président. Nous verrons.

Jeanne. Je demande à la cour acte de ce que M. le chef du jury a proposé pour témoins deux sergens de sa légion.

M. le président. Ce fait sera constaté au procès-verbal.

(Après une courte suspension, l'audience est reprise.)

M. Allantaz, restaurateur, rue Saint-Martin, a vu Rossignol et un autre garde national aidant à renverser la voiture qui a servi à faire la barricade.

Rossignol. C'est une erreur.

Le témoin. Je ne reconnais pas positivement M. Rossignol, et je ne puis bien affirmer qu'il ait aidé à renverser la voiture.

M. Bailly, capitaine de la garde nationale. Le 6 juin, à huit heures du matin, je fus envoyé avec 90 hommes pour détruire les barricades. En arrivant dans la rue Planche-Mibray, nous trouvâmes une première barricade qui n'était pas défendue; au moment où nous la franchissions, on tira sur nous de la seconde barricade et des fenêtres. Je plaçai plusieurs hommes pour riposter; de là nous passâmes à la seconde barricade; puis à la troisième; nous essuyâmes à plusieurs reprises un feu nourri de la barricade, et notamment d'un café situé à droite de la rue; dix-neuf de mes hommes y furent tués ou blessés. Comme les cartouches nous manquaient, j'hésitai à attaquer la troisième barricade. J'envoyai chercher des munitions à la préfecture; on me répondit de faire ma retraite.

Un juré. Le témoin a parlé d'un café d'où l'on tirait?

M. le président. Il ne peut y avoir de confusion : le café dont parle le témoin est le café Leclercq, situé à droite de la rue; tandis que le café Rossignol est à gauche.

Mme Chardon, portière chez M. Yvon. Je vis un homme qui s'apprêtait à tirer de la fenêtre du café de M. Fournier; je lui dis : « Prenez garde; » il me répondit : » Tu n'es qu'une vieille bête, tu ne sais ce que tu dis. »

(Le témoin ajoute que force lui a été de laisser sa porte ouverte pour laisser entrer ceux qui allaient et venaient, et qui menaçaient de la tuer si elle la fermait; que sur le midi elle la ferma, par suite des ordres de Rossignol. Enfin, ce témoin déclare avoir vu Rossignol mettre de la poudre dans des petits cornets de papier.)

Rossignol. Je n'ai pas fait de cartouches; si la portière a vu des cornets, ce ne pouvait être que des cornets de tabac à fumer ou en poudre.

Le témoin. C'était bien de la poudre.

M. le président au témoin. A-t-on tiré des fenêtres du café? R. Non, Monsieur, je n'ai vu que le jeune homme dont j'ai parlé, et qui allait tirer.

Un juré. Témoin, avez-vous vu, soit le 5, soit le 6, Rossignol ou Fournier descendre et monter souvent?

Le témoin. Non, Monsieur.

M. Levert, marchand de papier, témoin indiqué par M. Martin, est entendu en vertu du pouvoir discrétionnaire de M. le président. « Le 5 juin, dit-il, je faisais partie du détachement de la garde nationale qui a monté sur la barricade : au moment où nous y étions, et pendant que notre capitaine était aux prises avec un garde national, on tira sur nous. A ce moment j'ai vu un homme petit, ayant l'uniforme de la garde nationale, et un schako portant le nº 7; il me mit en joue, je détournai son fusil avec ma main; le coup atteignit M. Proche, qui était à côté de moi. Mon capitaine m'a dit le soir même que le garde national avec lequel il se colletait, lui avait proposé de passer dans la barricade, en disant : « Est-ce aujourd'hui que nous serons libres? »

M. le président, Accusés, levez-vous.

Le témoin examine les accusés, pour voir s'il pourrait reconnaître celui qui lui a porté le coup de feu. Il ne peut en reconnaître aucun.

M. le président. Rossignol, ce n'est pas vous?

Rossignol. C'est impossible : j'étais aux prises avec le capitaine.

M. le président. Jeanne, vous aviez un schako portant le n. 7?

Jeanne. C'est vrai : mais ce n'est pas moi qui ai tiré ce coup de fusil.

Le témoin. Ce garde national avait des moustaches noires.

Jeanne. Les miennes sont rousses, et avant les événemens de juin je n'en avais pas depuis deux mois.

Le témoin, interpellé de nouveau, déclare que le schako de ce garde national était recouvert d'une toile cirée.

Jeanne. Il est constant que le mien n'était pas recouvert d'une toile cirée.

M. Simon père, décoré de la croix de Juillet, se présente revêtu de l'uniforme des invalides; il declare avoir été admis à l'hôtel il y a un mois : « J'ai été, dit-il, victime de la révolution de juin par un zèle mal interprété ; je fus incarcéré pendant une quarantaine de jours, mais j'en suis sorti blanc, je l'espère, comme neige. Enfin bref, pour ne plus parler de moi, je vous dirai que le 5 juin j'ai vu des personnes aller et venir de la rue dans le café Fournier ; quand une victime tombait, on applaudissait du café ; j'ai vu Madame Alexandre descendre du bouillon dans lequel il y avait du vin à ceux qui étaient dans la barricade.

M. le président. Vous étiez le 5 avec le rassemblement qui a formé la barricade? R. Oui, j'étais convoqué pour me réunir à ma compagnie à l'hôtel Jabach, où j'arrivai le premier. Après il vint à passer un général...... Quand je dis un général, c'était un général de façon........ Il boitait de la jambe gauche, avait des favoris blancs et un béquillon à la main; il avait des graines d'épinards sur un frac. Cet homme dit aux jeunes gens qui étaient assemblés : « Allons, mes amis, voilà le moment, faisons une barricade. » Je vous avoue, Monsieur, que, si je n'avais pas craint de salir mon habit de garde national, j'aurais fait la barricade, croyant travailler pour le Gouvernement actuel; car je porte avec honneur ma décoration de Juillet, celle-là n'a jamais fléchi.

(Le témoin ajoute qu'il déposa son fusil le long du mur, et aida à faire la barricade; il dit enfin que, voyant le danger croître, il se retira chez lui et s'y enferma.)

M. le président. Vous voyez de chez vous la maison où est l'établissement de Fournier? R. Oui, car les fenêtres de mon fils plongent dessus. — D. Entrait-il beaucoup de personnes armées? R. Je n'ai vu qu'un individu le 6, qui avait des pistolets. — D. Quelles étaient les personnes que vous avez vues sur le balcon?

Le témoin. On ne peut pas monter sur le balcon ; mais aux croisées j'ai vu deux dames et cinq ou six hommes faire des signaux aux hommes de la barricade, tantôt avec un mouchoir blanc, tantôt avec un journal.

M. le président. Avez vous vu distribuer des cartouches?

Le témoin. Un jeune homme montait souvent dans l'estaminet, et en descendait des cartouches. j'ai bien vu Mlle Alexandre qui applaudissait quand un garde national ou un homme de la ligne, une victime enfin, tombait.

La demoiselle Alexandre. C'est faux, ça n'est pas croyable.

Rossignol. Je m'abstiendrai de répondre. pour deux raisons : la première, c'est que Simon a été notre co-accusé, et que depuis il a été admis aux Invalides.

M. le président. C'est un ancien militaire.

Me Boussi. Oui, qui avait servi en 92, et qui n'a été admis aux Invalides qu'en 1832.

M. le président. au témoin. A quelle époque avez-vous demandé à entrer aux Invalides ? R. Dès le 8 août 1830.

M. le président, à Rossignol. Qu'avez-vous à dire sur cette déposition ?

Rossignol. Je vous ai déjà dit, M le président, pourquoi je ne voulais pas répondre. Ce que j'ai dit du témoin me suffit.

Jeanne. Et moi, M. le président, je demande la parole. *(Avec un accent concentré)* : Qu'un homme *compromis* dans une poursuite criminelle emploie tous les moyens pour s'en tirer, *je le conçois*; mais ce que *je ne conçois pas*, ce qui bouleverse *ma pensée* et m'enlève jusqu'à la *faculté* de l'exprimer, c'est de voir cet *homme*, cet *homme* qui est là, cet *homme* qui s'est battu avec nous le 5, qui s'est battu avec nous le 6, venir accuser *lâchement* des hommes dont il devrait au moins respecter *l'infortune*.

L'accusé est vivement ému; il reste quelques instans *silencieux*, puis il ajoute : « M. le président, qu'on entende tout le quartier, et vous saurez que le 5 ce Simon a contribué à ériger la *barricade*; vous saurez que le 5 jusqu'à onze heures du soir, *il s'est battu avec nous*..., là, à côté de moi. *Le lendemain*, dès cinq heures du matin, il est revenu; il s'est encore battu à côté de moi, et je l'adjure ici de le déclarer; il me disait, en faisant le coup de feu avec moi : « *Allons, mon vieux !* (il me connaissait depuis les journées de juillet) allons, mon vieux ! . . (passez-moi l'expression), nous allons leur en f... à ces gueulards-là... Tiens, mon vieux ! *mon fils*... il est là à côté qui se *peigne dur; et ma vieille,* elle est aussi là qui fait des *cartouches;* toute la *famille s'en mêle*.... Voilà ce qu'il disait... Cet *homme* s'est retiré à onze heures du matin ; il a eu peur... *c'est un lâche !*... »

Ces paroles, prononcées par Jeanne avec une énergie peu commune, *excitent dans tout l'auditoire un mouvement impossible à décrire; des applaudissemens se font entendre et sont aussitôt comprimés.* Mais les efforts de Jeanne ont épuisé ses forces, *il tremble,* ses *jambes* le *soutiennent* à peine, ses yeux sont humides de *larmes. Plusieurs* de ses coaccusés et quelques *membres* du barreau *l'entourent*, et lui prodiguent *des secours.* Ses *dents claquent*

3

avec force les unes contre les autres. *Il s'assied.* « *M. le président*, dit-il d'une voix affaiblie par l'émotion qui l'agite, *je vous demande un instant de repos.* »

L'audience est suspendue quelques instans.

L'audience est reprise.

Un juré.. Nous voudrions savoir à quelle époque remonte la déclaration de *Simon*.

M. le président. Il y en a trois : La première est *du* 6 *juin.*

Me Saunières. Cette déclaration est bien succincte.

Simon est rappelé.

M. le président. On prétend que vous n'étiez pas chez vous le 6 ? R. J'étais chez mon fils ; c'est là que j'ai appris que le juif polonais Grimbert s'était présenté chez moi pour prendre mon fusil.

Grimbert. C'est une chose possible.

Conilleau. Le 6, je descendis la rue Saint-Martin ; j'ai vu M. Simon qui tirait, vers dix ou onze heures, dans la rue Saint-Martin.

Simon. Ces messieurs sont opiniâtres envers moi.

(*Pendant cette partie du débat*, Jeanne arrache sa *décoration* de Juillet, et la *jette à ses pieds* avec un *vif* mouvement de *colère* et de *dédain* prononcés.)

Le sieur Louis Lecampion. Le 5 au soir, j'ai vu un attroupement de jeunes gens armés; M. Rossignol et M. Jeanne étaient dans la rue Aubry-le-Boucher; ils mirent leurs schakos sur leurs baïonnettes, en criant : *Allons, mes amis, par ici !* Le 6, j'ai vu M. Jeanne qui faisait feu. On jetait des moellons par les croisées; ces moellons ont même écrasé plusieurs soldats.

M. le président. Le 6, n'avez-vous pas vu Rossignol ?

Le témoin. Non, Monsieur, j'ai souvent entendu causer M. Rossignol; il avait l'air d'un brave garçon. Un jour on parlait politique ; M. Rossignol dit : « Je conçois qu'on en veuille au Gouvernement, mais je ne conçois pas qu'on attente aux jours du roi. »

M. Combat, fumiste. Le 5 au soir, j'ai vu les hommes de la barricade qui ont tiré sur la garde nationale ; le lendemain, j'ai vu deux gardes nationaux qui avaient l'air de deux frères ; ils tiraient des coups de fusil d'une barricade à l'autre, et mangeaient tranquillement leur pain comme si de rien n'était. J'ai aussi vu un homme à la croisée de l'estaminet, qui avait un fusil ; la demoiselle Alexandre semblait contente et satisfaite quand il tombait quelqu'un. Quand les gardes municipaux se sont retirés, j'ai aperçu M. Fournier qui, de sa fenêtre, faisait signe aux hommes de la rue Maubuée de suivre les gardes municipaux.

Un juré. Le témoin a-t-il vu tirer des fenêtres de l'estaminet ?

Le témoin. Non, Monsieur.

Le sieur Simon fils, peintre. Le 6 juin, j'ai vu plusieurs personnes aux fenêtres de l'estaminet, entre autres Mlle Alexandre, faire signe avec des mouchoirs et des journaux pour qu'on tirât sur la troupe; mlle Alexandre battait des mains quand un homme de la troupe tombait.

M. le président. Le mardi soir, qu'avez-vous vu? R. J'ai vu tirer de la barricade, mais je ne puis reconnaître personne. Le 6, on a jeté de l'estaminet des cornets contenant de la poudre et des balles.

M. le président. Fournier, qu'avez-vous à dire?

Rossignol et Fournier. C'est le fils de Simon.

M. le président. Vous n'avez pas d'autres reproches à lui adresser?

Rossignol. Celui-là est suffisant.

M. l'avocat-général. Simon, pourriez-vous dire où votre père a passé la journée du 6?

Le témoin. Chez moi; il y est venu à cinq heures du matin, et n'en est pas sorti; je le jure.

M. Tavaut, bijoutier, cloître Saint-Méry. Le 6, pendant toute la matinée, j'ai vu cinq ou six jeunes gens qui jetaient de leurs fenêtres des munitions. Il y avait une femme à la même fenêtre de l'estaminet; elle était en désordre et paraissait applaudir.

M. le président. Connaissez-vous le nommé Simon père? R. Oui, je l'ai vu dans la matinée du 6, et jusqu'à midi, chez son fils. — D. Et le 5? R. Je l'ai vu aller du côté de la rue Aubry-le-Boucher.

Mme Tavaut. J'ai vu Mme Alexandre à sa croisée; elle paraissait très occupée, mais je ne lui ai vu faire aucun signe. — D. Savez-vous si la porte de la maison n. 65 a été fermée? R. Non, Monsieur; à deux heures j'ai été blessée dans le fond de mon atelier, et je n'ai plus rien vu: avant ce moment je n'avais pas remarqué si la porte était ouverte ou fermée. — D. N'avez-vous pas vu un homme blessé qu'on a amené le 5? R. Oui, le 5 au soir on a amené dans un cabriolet un homme à demi-mort; on l'a fait entrer dans la maison; il paraissait avoir été blessé au convoi. — D. Avez-vous vu jeter des cartouches par la fenêtre? R. Oui, Monsieur, par celui qui a cédé son bail à M. Fournier.

M. l'avocat-général. Accusé Rossignol, avez-vous quelques explications à donner sur ce dernier fait?

Rossignol. Non, Monsieur; la personne qui nous a loué est connue, c'est M. Yvon, qui pourra attester que M. Ninet (c'est son nom) n'est pas venu à la maison depuis la cession du bail.

Le sieur Cochot, marchand de vin, rue Saint-Martin, n. 48. Le 6, J'ai vu M. Fournier et une dame qui, de leur fenêtre, faisaient des signaux; M. Fournier adressait quelquefois la parole à plusieurs révoltés. — D. Que faisait cette femme? R. Elle regardait de droite et de gauche, et faisait des signes à ceux qui se battaient.

Mlle Alexandre. Le témoin se trompe.

Le sieur Antoine Chambon, limonadier, déclare avoir vu Jeanne tirer le 5 au soir; il a entendu Rossignol commander le feu, et tirer. — D. Rossignol n'a pas suivi la garde nationale? R. Non, il est rentré dans la barricade.

Rossignol. Je prie M. le président de lire la première déposition écrite du témoin. (M. le président lit cette déposition, dans laquelle le sieur Chambon ne signale pas l'accusé Rossignol comme ayant fait feu.)

M. le président. Témoin, vous êtes bien sûr d'avoir vu Rossignol? R. Oui. — D. A-t-il tiré? R. Oui, Monsieur.

Rossignol. Le capitaine Martin me tenait par ma buffleterie, et je ne pouvais ni tirer ni commander le feu.

M. le président, au témoin. Combien a-t-on fait de décharges? R. Une seule.

M. Martin, rappelé, déclare qu'il y a eu deux décharges, et il ne croit pas que ce soit Rossignol qui ait commandé le feu, surtout lors de la première décharge.

Le sieur Levert, déjà entendu, est rappelé pour donner des explications sur sa première déposition; il ajoute: « Tout-à-l'heure je n'ai pas reconnu un des accusés qui était à la barricade, et que j'ai vu près de moi; c'est le dernier sur le premier banc (Conilleau).

Conilleau. Merci, Monsieur. Mais je fais observer que le 6 juin j'étais ailleurs.

Me Lafargue. Un témoin établira ce fait.

Conilleau. Je demanderai au témoin comment j'étais vêtu? R. En garde national.

Conilleau. Je ferai apporter la redingotte que j'avais, et qui est percée par la balle dont j'ai été atteint le 5; cela prouvera que je n'étais pas en uniforme.

Il est cinq heures et demie, l'audience est levée et renvoyée au lendemain.

Dans l'audience de ce jour, la cour a continué d'entendre des témoins.

TROISIÈME AUDIENCE. (25 OCTOBRE.)

A dix heures et demie l'audience est ouverte.

M. Boulay (de la Meurthe), juré. Je prie M. le président de faire rappeler le témoin Levert.

Le témoin s'approche. — D. Reconnaissez-vous bien l'accusé Conilleau? R. Oui, il était à la barricade, et en uniforme de garde national.

M. Leclercq. Le 5 juin au soir, j'ai vu, rue Saint-Méry, un soi-disant général qui nous dit : « Mes amis, on égorge, on assassine la garde nationale; il faut faire des barricades. » Une barricade fut en effet construite; bientôt un peloton de la garde nationale s'approche, et pendant que le capitaine de ce peloton parlementait avec un garde national placé sur la barricade, une décharge eut lieu.

M. le président. Quel était l'homme qui est sorti de la barricade? R. C'est Rossignol. —D. Connaissez-vous Jeanne? R. Oui, Jeanne y était.

M. le président. Qui est-ce qui a fait la décharge?

M. Leclercq. Ce sont les insurgés. — D. Avez-vous vu tirer Jeanne? R. Oui. — D. Comment était-il vêtu? R. En uniforme de garde national. — D. Avait-il un schako? R. Oui. — D. Etait-il en feutre ou couvert d'une toile cirée? R. Je n'ai pas remarqué. — D. Avez-vous vu rentrer Rossignol dans la barricade? R. Oui, aussitôt après la première décharge. — D. Combien y a-t-il eu de décharges? R Deux; la première a été faite, je crois, par la garde nationale; la deuxième a été faite au moment où Rossignol parlementait. J'ai même dit: « Ils auraient pu tuer Rossignol. »

M. le président. Et le lendemain, qu'avez-vous fait? R. Rien, car je me suis renfermé chez moi; il y avait danger à sortir. Cependant de temps à autre j'ai mis la tête à la fenêtre, et j'ai vu Jeanne armé, mais en habit bourgeois.

Rossignol. Le témoin m'a vu passer par la barricade; mais après avoir suivi M. Martin jusqu'à la rue du Poirier, il fallait bien rentrer rue Saint-Méry pour aller chez M Fournier.

Jeanne. Le nommé Simon a-t-il été vu dans les barricades se battant?

M. le président. Simon n'est point accusé; il a été justifié par l'instruction : je ne puis me rendre accusateur d'un témoin.

Jeanne. C'est un *lâche calomniateur*, et je tiens à ce que sa moralité soit jugée.

Me Marie. Elle est jugée.

Jeanne. Oui, et *jugée* par toute la *France*.

M. le président, à M. Rougeot, major de la 4e légion. Monsieur, vous avez été appelé en vertu du pouvoir discrétionnaire, pour éclairer la justice sur ce que vous auriez vu le 5 juin.

Le témoin. Le 6 seulement, à huit heures du matin, un détachement de la garde nationale s'avança près de la barricade, rue Saint Méry; les premières barricades étaient abandonnées. Les grenadiers s'occupaient à les détruire quand on tira sur eux un coup de fusil : alors nous avons avancé au pas de charge jusqu'à la barricade Saint-Martin. Un seul homme, l'adjudant-major Bellier, a franchi la barricade et a disparu; nous nous sommes retirés, et nous avons appris un instant après qu'il avait péri.

M. le président. La barricade sur laquelle M. Bellier a perdu la vie est donc celle qui était à l'extrémité de la rue Maubuée? R. Non, Monsieur; c'est, je crois, à la barricade à l'entrée de la rue Saint-Méry.

M. le président. Savez-vous ce que sont devenus les vêtemens du major Bellier.

Le témoin. Il était dépouillé de son épée, de son schako et de ses épaulettes.

M. Delaunay, marchand de draperies. Le 6 juin, j'ai fait partie d'un détachement qui s'est dirigé de six à huit heures du matin sur la rue Aubry-le-Boucher; nous avons été reçus à coups de fusils; nous nous sommes avancés en ripostant; ceux qui étaient embusqués aux fenêtres avaient sur nous beaucoup d'avantage; j'étais en avant de mon détachement, et je me suis trouvé au milieu d'un rassemblement; on m'a fait prisonnier : deux hommes toutefois m'ont protégé et m'ont reconduit chez moi : j'ai reçu des coups de poing, et on m'a pris tout ce que j'avais sur moi. — D. N'étiez-vous pas avec l'adjudant Bellier? R. Oui, mais je l'ai perdu de vue; plus tard, on a rapporté le cadavre de M. Bellier; il était dépouillé de ses armes. — D. On vous a dépouillé? R. Oui, mais seulement de mes armes et de mes cartouches. — D. Vous avez été fouillé? R. Non, Monsieur; on n'a pas *touché à ma bourse*.

Jeanne. Monsieur n'a pu être frappé par ceux qui étaient à la barricade; ils avaient autre chose à faire.

Me Marie. Les témoins qu'on vient d'entendre sont ceux indiqués par un procès-verbal d'officier de paix, rédigé hier soir. Le seul fait sorti des débats est la mort de M. Bellier; cela n'est pas et ne pouvait être contesté. Un second fait sur lequel on a insisté est le dépouillement de M. Bellier; je désirerais qu'à ce sujet M. Chapuis, colonel de la légion, fût entendu.

M. Maqueret, serrurier. Le 5 juin, sur le soir, je me suis rendu au café Leclercq; voyant un mouvement dans la population, je rentrai chez moi pour surveiller mes ouvriers. Je n'étais plus capitaine de la garde nationale, sans cela j'aurais mis mes épaulettes, je me serais jeté sur M. Rossignol, avec lequel j'étais intimement lié, et je serais parvenu à l'arracher de la barricade où il travaillait. J'ai vu aussi M. Jeanne; il tirait; mais je ne me rappelle pas avoir vu tirer M. Rossignol; il allait et venait. J'ai vu aussi M. Simon père travailler à la barricade, il a même eu une explication assez vive avec un capitaine de la garde nationale.

M. le président. Avez-vous revu depuis Simon? R. Non, car je suis resté dans mon atelier, qui a été envahi plus de vingt fois.

M. le président rappelle M. Leclercq, et lui demande : Avez-vous eu le 5 un entretien avec Simon? R. Oui, Monsieur. — D. Vous a-t-il engagé à prendre les armes? R. Je ne me le rappelle pas.

M. Chalamel, libraire, rue de l'Arbre-Sec. Nous sommes allés avec le 4e bataillon (j'étais du 2e), dès quatre heures du matin, sur la rue Aubry-le-Boucher; nous avons tiraillé cinq ou six minutes; ensuite nous avons battu en retraite, parce que nous n'étions pas en force. M. Bellier, qui était allé en avant, a été tué avec un de nos camarades, M. Lefort. Le feu partait de la maison n° 30, au 2e; on nous jetait également des moëllons des fenêtres d'une maison au coin de la rue Aubry-le-Boucher.

Le sieur Jeannot, ouvrier en papier, tambour de la garde nationale. J'étais avec le capitaine Martin; un jeune homme de seize ans est venu à moi avec un pistolet; un monsieur qui était près de lui m'a demandé pourquoi je rappelais; j'ai dit qu'on allât parler au capitaine; il est sorti cinq ou six hommes, on a parlé à mon capitaine; mais je ne sais ce qui s'est dit.

M. Dumont. Le 5 juin, ayant affaire rue Saint-Denis, je passai par la rue Saint-Martin. Il y avait une barricade formée; M. Rossignol y était avec un fusil. Le lendemain, j'ai vu Mlle. Alexandre et M. Rossignol à leur fenêtre. Le même jour j'ai vu M. Jeanne; il a tiré très long-temps; il semblait ajuster avec beaucoup de précision, et ne s'exposait pas.

M. l'avocat-général. Sans s'exposer?

Jeanne. J'ai toujours présenté *ma poitrine aux balles de l'ennemi.*

M. Bucaille, négociant, rue Saint-Martin. Le 5, vers six heures, je vis passer un petit homme habillé en garde national; il dit assez haut : « On assassine les gardes nationaux sur les boulevarts. » Je ne pus croire à cette étrange assertion. Je voyais des hommes habillés en bourgeois, des gardes nationaux armés. Je me disais : Que se passe-t-il ailleurs? Est-ce qu'il y a une révolte générale? est-ce qu'on en est réduit à huit ou dix gardes nationaux pour se barricader? Bientôt on forma une barricade, et j'ai vu, à mon grand étonnement, un sieur Simon qui a été récompensé largement depuis la révolution de juillet; il travaillait avec activité; mais je n'avais encore aucune idée fixe sur ce qui se passait. Cependant je dois dire que depuis j'ai appris que ce Simon avait été induit en erreur, et qu'il croyait marcher avec la garde nationale. Je le crois innocent. Toute la nuit il y a eu grand bruit dans la rue; le lendemain, vers six heures, on frappe à la porte : je fais ouvrir, et je demande pourquoi. L'homme qui avait frappé me dit : « Il faut bien que vous ouvriez : on nous assassine; il nous faut une retraite. — On ne m'assassine pas, lui dis-je; faites comme moi, rentrez chez vous, et le calme sera bientôt rétabli. »

(M. Bucaille raconte que, peu de temps après, un jeune homme de petite taille est venu s'embusquer à sa porte, et que, malgré toutes ses observations, il a tiré vingt-cinq à trente coups de fusil.)

M. le président Jeanne, n'est-ce pas vous?

Jeanne. C'est vrai.

M. Bucaille. Je vous reconnais.

Jeanne. Et moi aussi.

M. Bucaille. Et je voudrais que vous eussiez suivi mes avis.

Jeanne. J'ai obéi à ma *conscience*, et je *recommencerais* encore.

M. Miellon, garçon chapelier. J'ai vu M. Jeanne tirer le 6, entre neuf et dix heures, sur les gardes nationaux détachés. — D. Paraissait-il bien animé? R. Oui, Monsieur.

M. Delapalme. Ces gardes nationaux détachés avaient-ils une attitude hostile? R. Non, Monsieur; ils se retiraient chez eux, et Jeanne était garanti par la barricade.

Jeanne. C'est faux, je n'ai jamais été *un lâche.* Ici je sens le besoin d'expliquer *ma pensée.* Tout-à-l'heure je viens de dire que je *recommencerais* encore: *oui* je *recommencerais* encore, mais sous l'*influence* des mêmes *sentimens ; oui* je *recommencerais* encore, si, sortant du boulevart Bourdon, *j'étais* encore dominé par les sentimens qui me torturaient l'*âme*, et si je croyais de mon devoir de résister à l'*oppression* par la *force*.

D'ailleurs je *déclare* que *jamais* je ne me suis *battu* en *lâche ; en juillet, blessé* pour la *sixième fois*, j'ai sauvé, en m'exposant à la mort, *vingt-trois hommes*, dont un venait de me *loger une balle* dans *l'épaule*, et en *juin* j'étais le même *qu'en juillet.*

Le sieur Roger. J'ai vu le sieur Rossignol aller à l'hôtel Jabach avec un drapeau tricolore.

Rossignol. J'aurais eu un drapeau tricolore à la main que je n'aurais aucun intérêt à le nier; mais je jure sur l'honneur que ce fait est faux, et je prie M. le président d'interpeller à ce sujet tous les témoins.

Roger. Si ce n'était pas M. Rossignol qui avait ce drapeau, c'était alors une autre qui lui ressemblait.

M. *Chapuis*, qui était, le 6 juin, lieutenant-colonel de la 4e légion, et est actuellement colonel : Je suis parti avec un détachement de soixante-dix à quatre-vingts gardes nationaux, pour forcer les barricades. J'ai dit aux gardes nationaux : « Messieurs, c'est une chose extrêmement sérieuse que je vous demande : il s'agit de recevoir d'abord des coups de fusil, et d'en tirer ensuite. Notre mission est de laisser tirer sur nous d'abord avant de résister. » L'approbation fut unanime. J'ai dit : « Ce sera très fâcheux pour ceux qui tomberont, mais on les vengera, et nous parviendrons plus efficacement à rétablir la tranquillité. » Nous nous avançâmes rue Saint-Denis jusqu'au marché des Innocens, et nous détruisîmes plusieurs barricades. Les insurgés qui s'y trouvaient se retiraient à mesure, mais on nous tirait des coups de fusil des fenêtres. Je pris avec moi une section, et nous fîmes un détour pour entrer dans la rue Saint-Martin. L'adjudant-major Bellier prit une autre route avec un détachement différent, et nous étions au moment de nous rejoindre lorsque M. Bellier fut tué sur une barricade. Un individu, en uniforme de garde national, est sorti de la barricade pour venir au devant de nous : on a pensé que c'était un piège pour nous attirer dans une embuscade. J'ai ordonné le feu ; cet individu s'est retiré. La barricade a été évacuée ; mais il restait des insurgés dans les maisons. Si j'avais eu avec moi de la troupe de ligne, je ne me serais pas arrêté là, j'aurais pénétré dans les maisons ; mais étant avec des gardes nationaux, avec des pères de famille, je n'ai pas voulu exposer leur existence, qui m'était en quelque sorte confiée.

M. le président. Vous avez fait courageusement et noblement votre devoir. Laissâtes-vous M. Bellier sur place?

M. Chapuis. Je me suis avancé moi-même pour relever son corps; au même instant trois coups de fusil furent tirés sur moi ; une balle atteignit le pompon de mon schako, une autre balle traversa mon schako. J'aurais bien fait avancer trois ou quatre gardes nationaux; mais je vis que M Bellier était mort, et je ne crus pas devoir, pour enlever ce cadavre, exposer la vie de plusieurs pères de famille. M. Bellier était un brave, un ancien militaire, plein d'honneur et de courage ; il a été universellement regretté.

M. Serin, bijoutier rue Saint-Méry. Le 5, j'ai entendu M. Jeanne crier : *Aux armes! aux armes!* Je lui ai parlé ; il me répondit : « C'est fini, nous tenons le bon bout. » Je ne savais ce qu'il voulait dire. Une demi-heure après, je vis un faux général ; il ordonna de faire une barricade.....

M. le président. Et le 6, avez-vous vu Jeanne?

Le témoin. Oui ; *il tirait*, et *allait* d'un côté, *d'un autre.* — D. Avez-vous vu Rossignol? R. Oui, d'abord parlementer avec un officier, puis à son balcon ; il m'a même salué. — D. Avez-vous vu distribuer des cartouches? R. Oui, j'ai vu *une femme de halle*, je crois, qui distribuait des cartouches sur la barricade.

M. le président. Jeanne, qu'avez-vous à dire?

Jeanne. Eh ! mon Dieu, Monsieur, j'*avoue tout* ce que *j'ai fait* ; quand j'agis, *je mets la main sur mon cœur*, et *peu m'importent les résultats*. Quant à l'expression que me prête le témoin, *je ne m'en suis jamais servi*.

M. Cerveau, distillateur, rue Saint-Martin, a vu Simon père travailler activement à construire une barricade. Le soir, dit-il, au moment où un détachement de la garde nationale approchait, M Rossignol a parlementé avec un capitaine ; puis on a fait feu ; M. Rossignol s'est retiré dans la barricade, et a tiré comme les autres. Comme je rentrais chez moi, je vis Jeanne, qui me reprocha d'avoir fermé la porte de ma maison. Ma portière m'a dit qu'il lui avait fait les mêmes reproches, en la menaçant.

M. le président. Après la confection de la barricade, avez-vous vu Simon ?

Le témoin. Non, Monsieur ; il a disparu, et je ne l'ai plus revu. Il s'est élevé une discussion pour un jeune homme du quartier, âgé de dix à douze ans, qui voulait se battre ; on voulait le renvoyer ; ce jeune homme avait même une assez forte blessure au front. Jeanne l'engageait à se retirer.

M. le président. Vous avez vu Rossignol faire feu ?

Le témoin. Oui, oui, Monsieur ; je l'ai même vu après ; le chien de son fusil n'était pas encore relevé.

Rossignol. C'est une erreur fort grave.

M. Delépine. J'ai vu M. Rossignol avec son fusil, il avait l'air de commander quelques personnes de la barricade. J'ai vu l'accusé Goujon charger des fusils et distribuer de la poudre dans l'hôtel Jabach. Je pansais une blessure de ce même Goujon ; Jeanne entra, Goujon sauta aussitôt à son cou, et lui dit : « Mon vieil ami, viens que je te montre mes blessures. » Il avait reçu plusieurs balles dans son schako, dans ses vêtemens, et au bras : c'est la blessure que je pansais.

M. le président. Est-ce que l'on tirait de l'hôtel Jabach ?

Le témoin. Oui, et on a monté dans les étages supérieurs des tuiles, des pierres et des bouteilles cassées.

M. *le président*. Goujon, qu'avez-vous à dire ?

Goujon. Tout cela est faux ; je ne connais pas M. Jeanne, je n'ai pas sauté à son cou.

Le témoin. Vous mentez impudemment.

Goujon. Monsieur m'a pansé, je l'en remercie, je lui ai même dit : « C'est bien malheureux, je ne devrais pas être là. »

Le témoin. Goujon a même donné de la poudre à Jeanne.

M. Blanchet. Le 6 juin, j'ai vu Goujon tirer deux fois son fusil ; un coup a raté.

Goujon. C'est sur les révoltés.

Le témoin. Il y avait de la garde nationale et de la troupe qui dé-
lait.

Goujon. J'avais ôté la balle de ma cartouche, et je tirais parce
ue j'avais perdu la tête.

M. Raveneau. Le 6 juin, Goujon a tiré deux coups de fusil, et
n'ai pas aperçu de troupes du côté où il tirait.

M. Charlet, boulanger, fait la même déposition que les deux
récédens témoins, et il ajoute qu'il l'a vu tirer sur la ligne.

M. Kauffner. J'ai vu Goujon tirer le matin à sept heures et en-
uite vers deux heures.

Mme Gravelle, bijoutière. Le 5, au soir, j'ai vu former la barri-
ade. On criait *qui vive?* il fallait répondre *citoyens!* Sur les trois
eures du matin, les insurgés ont fait feu sur la troupe. Cette dame
éclare que plusieurs fois un chef d'insurgés est venu pour enfon-
er sa porte et monter chez elle, afin de faire feu de ses fenêtres. Je lui
s observer, continue le témoin, que les personnes avec lesquelles
était pourraient peut-être commettre quelques vols, et qu'on
es lui reprocherait; il a été touché de mes raisons, et ils sont mon-
és au troisième: ce monsieur s'est conduit envers moi avec beau-
oup de politesse; la dernière fois qu'il est revenu, il m'a dit:
Madame, je suis bien fâché de vous importuner tant de fois, mais
ela va finir; et il fit descendre ses hommes, et je ne l'ai plus revu.
Cet homme était en petite veste de chasse, une calotte rouge, et
écoré de juillet.

M. le président. Jeanne, était-ce vous?

Jeanne. Oui, Monsieur, c'était moi.

M. Legonidec, juge suppléant au tribunal civil de la Seine. Je
ne trouvais le 6 à l'état-major de la garde nationale lorsque plu-
ieurs individus arrêtés rue Saint-Martin y furent amenés; j'ai été
hargé de plusieurs interrogatoires : c'est ainsi qu'en ma présence
n nommé Mulette a été fouillé, il avait de la poudre dans la po-
he de son gilet, et la figure noircie par la poudre; il avoua avoir
ait des cartouches.

Mulette. Étant au n° 30, on m'a forcé de me mettre à une table,
t on m'a donné de la poudre pour faire des cartouches, mais je
'en ai pas fait.

M. Maulreté, boucher, rue Saint-Méry, n° 50. Sur les huit
eures, huit heures et demie, le 6, on est venu pour prendre mes
rmes; ils étaient vingt ou vint-cinq; trois seulement sont entrés,
t presque aussitôt ils sont ressortis en disant: Il n'y a pas d'armes.
Sur les deux heures, une trentaine d'insurgés ont pénétré de
orce dans mon étal; la fusillade était fortement engagée : je fus
orcé de quitter ma maison, mais les insurgés étaient déjà sortis.
— D. D'où sortaient ces insurgés? R. De la maison n° 30, dont la
our communique avec le derrière de mon étal. — D. N'a-t-on pas

arrêté un homme chez vous? R. Oui, Monsieur, mais je ne le reconnais pas parmi les accusés.

M. Demay. Les insurgés qui avaient fait la barricade sont entrés chez moi, et se sont fait donner du vin d'autorité. — D. A-t-on tiré de chez vous? R. Je n'en sais rien; il y avait des balles, et je me suis mis dans ma cave. — D. Combien vous a-t-on bu de vin? R. Perdu ou bu, il y eut environ 800 bouteilles; ils disaient qu'on ne payait pas aujourd'hui. — D. Indépendamment du vin vous a-t-on volé autre chose? R. On a volé trois montres; mais la populace est *entrée avec la troupe*, et on a aussi *fait monter du vin.*

Jeanne. M. le président, veuillez faire demander au témoin si ce sont les soldats de la ligne qui ont fait monter du vin?

Le témoin. Les insurgés en ont demandé, et la troupe aussi.

Mme Boisseau, portière du no 30. Le mardi soir, les hommes qui étaient dans la rue se sont emparés de notre maison par force, et y sont restés la nuit du 5 et le jour du 6. — D. Combien étaient-ils dans votre maison? R. Le mercredi, ils étaient environ trois cents. — D. Tiraient-ils? R. Oui, ils tiraient de toutes les croisées; ils avaient pris le plomb des gouttières et de ma loge pour faire des balles. — D. Par où la ligne est-elle entrée? R. Par la maison du quincaillier, qui donne sur la cour; la porte de la rue était barricadée. — D. Ils avaient une communication avec la rue Saint-Méry? R. Oui, Monsieur, par le logement du boucher.

Le témoin ajoute que différens vols ont été commis au préjudice des locataires.

Mlle. Adèle Guétry. A cinq heures du soir, ces messieurs sont entrés chez moi, et ont tiré par ma croisée. — D. Comment étaient-ils vêtus, ces gens? R. Il y en avait de très-bien vêtus, d'autres en chemise ou en veste. Dès trois heures du matin j'ai été obligé de m'en aller; je me suis réfugiée chez une de mes sœurs, faubourg Saint-Garmain; différens objets ont disparu, des gants notamment, et 10 fr.

M. Blanc, marchand d'armes. Je connais MM. Rossignol et Jeanne. Le 3, un commissaire de police vint m'engager à cacher mes armes au moment même où je les cachais; une heure après, un rassemblement arrive; je me mets en travers sur le passage, et je les empêche de passer en leur disant: S'il y a encore des armes, on va vous les distribuer. J'envoyai chercher, par mes commis, quelques fusils et des petites lames de sabre. Le lendemain matin seulement, ils sont venus et ont pillé de nouveau; j'en avais caché beaucoup dans des caisses, ces armes ont été saisies par la troupe; M. le préfet m'en a fait rendre, mais bien peu, la plus grande partie n'était plus dans les caisses.

Le témoin se rappelle que, le 5 au soir, Rossignol est allé chez lui : « Probablement, dit-il, pour savoir si la compagnie se réunissait. »

Mme Blanc. Le 6, beaucoup d'hommes sont venus, et ont pillé nos armes. Quand on a pris la maison n. 30, on a massacré tous les jeunes gens qui s'y trouvaient. Ils étaient environ dix-sept.

M. le président. Il y a eu trois soldats de tués ?

Le témoin. Je le crois, mais c'était avant.

D. Combien y avait-il d'insurgés dans la maison ? R. Trente ou quarante.

La femme Boisseau, rappelée, déclare qu'ils étaient plus de trois cents.

Jeanne. Je défie qui que ce soit *du quartier de prouver* que nous ayons été, soit dans les maisons, soit dans les barricades, *plus de cent dix*.

Mme Blanc. Je crois en effet qu'il ne pouvait pas y avoir plus de cent personnes. On avait attaqué plusieurs fois la maison avant de la prendre, et quand on a monté dans l'escalier, on a massacré, comme je viens de le dire, tous ceux qu'on a pu attraper ; les autres s'étaient échappés avant la prise de la maison.

M. Moreau, voltigeur au 11e de ligne. Le 6, nous sommes entrés dans la rue Saint-Martin ; on a tiré, et nous aussi. — D. Dans quelle maison êtes-vous entré ? R. Dans la maison n. 30. — D. Avec qui étiez-vous ? R. Avec deux voltigeurs ; nous sommes montés jusqu'au quatrième ; il y en avait un dans la cheminée, je l'ai fait descendre. — D. Etait-il armé ? R. Il y avait un fusil dans la chambre. — D. Avait-il les lèvres noires ? R. Il était tout noir, enfin il était dans la cheminée ; mais sur ses lèvres il y avait de la poudre ; il m'a dit : Je n'ai tiré qu'une fois.

M. le président. Pourriez-vous le reconnaître ? était-il bien vêtu ?

Le témoin. Il avait une chemise bien fine, mais elle était noire.

Le témoin regarde attentivement tous les accusés, et ne peut en reconnaître aucun.

M. le président. Brunet, c'est vous ?

Brunet. Oui, Monsieur.

Le témoin. Je le reconnais maintenant.

Chabas, caporal dans le même régiment. J'ai monté au cinquième, avec d'autres voltigeurs ; nous avons trouvé un fusil, et nous avons dit : il ne peut pas y avoir un fusil sans qu'il y ait quelqu'un dedans, et nous avons de fait trouvé un particulier dans la cheminée. — D. Cette maison porte-t-elle le n. 30 ? R. Je le crois. — D. Comment était vêtu celui que vous avez arrêté ?

Le témoin. Ah ! il n'était pas trop bien mis, il était tout noir. — D. Le reconnaissez-vous ? R. Non, Monsieur.

Thibaud, fusilier. — D. Dites ce qui s'est passé le 6 ? R. Nous avons pris beaucoup de prisonniers que nous avons menés à la préfecture. — D. Êtes-vous entré au n. 30 ? R. Oui, et nous avons pris un particulier dans la cheminée. — D. Est-il convenu d'avoir tiré ? R. Il a dit qu'il n'avait jamais tiré. — D. Reconnaîtriez-vous cet homme ? R. Oui, le voilà. (Brunet.)

Mlle Morisse, demeurant rue Saint-Martin, n. 30. — D. Pourriez-vous reconnaître ceux qui étaient dans la maison n. 30 ? R. Non, car ils ont tous été tués. — D. A-t-on trouvé un homme chez vous ? R. Oui, sous le lit.

Il est cinq heures et demie, l'audience est levée, et renvoyée au lendemain.

QUATRIÈME AUDIENCE, (26 OCTOBRE.)

On continue l'audition des témoins.

Mme Morage. Dès le mardi soir nous avons eu peur des barricades ; ces messieurs, au nombre d'une quarantaine le soir, et à-peu-près trois cents le lendemain 6, se sont emparés de la maison nº 30, et y sont restés. — D. Tiraient-ils ? R. Oui ; ils ont tiré depuis le matin jusqu'au moment où la maison a été prise.

M. le président. Pourriez-vous reconnaître parmi les accusés ceux que vous auriez vus ? R. Oui, je reconnais le premier sur le troisième banc (Dumineray), Metiger, Coiffu, Renouf, Mulette. — D. N'avez vous rien vu d'extraordinaire dans votre chambre ? R. Oui, deux hommes sous mon lit, dont un militaire ; mais il n'est pas ici. (Après une longue pause) : Ah ! le voilà là-bas (Vigouroux) ; je le prenais pour un garde municipal.

Le témoin reconnaît Bouley, mais sans pouvoir l'affirmer ; Bouley nie formellement avoir été dans la maison nº 30.

Mlle Nicolas dit avoir vu Dumineray, dans la matinée du 5, parmi les insurgés qui étaient au nº 30.

Mme Ricoire. J'habite le cinquième du nº 48. Ces messieurs sont entrés vers le soir après la fusillade. — D. Comment se sont-ils présentés ? R. Ils sont arrivés par les toits. — D. D'où venaient-ils ? R. Par la maison d'un voisin. — D. Quelle est cette maison ? R. Elle fait angle dans la cour avec notre maison. — D. Voit-on les marques de leur passage ? R. Oui ; ils sont venus sur le toit ; ils voulaient d'abord entrer par ma fenêtre : je leur ai dit qu'ils me feraient du dégât; alors je les ai priés d'aller plus loin; ils sont allés, en effet, plus loin, en courant de grands risques, et par le toit ils sont entrés chez moi. On les poursuivait; ils n'ont pas fait de résistance, et on les a arrêtés. — D. Les reconnaîtriez-vous? R. Non.

M. Delapalme. Ces individus n'ont rien laissé chez vous? R. Non; je crois qu'on n'a trouvé ni armes ni poudre.

Mlle Potin, demeurant au n° 30, est entendue. Ce témoin reconnaît Coiffu, et croit qu'il était vêtu en militaire.

Un assez long débat s'élève sur ce qui s'est passé dans la maison pendant le combat; il en résulte notamment que les accusés, pour éviter que les balles ne brisassent les glaces des appartemens, les avaient garanties avec des matelas. « Ces messieurs, dit le témoin, m'annonçaient que le gouvernement provisoire m'indemniserait.

Jeanne, avec ironie. Ces matelas ont été mis pour *économiser les indemnités* du *gouvernement provisoire.*

M. Claris. A cinq heures du matin, je sortis de chez moi en uniforme d'officier de la garde nationale, pour aller rejoindre ma compagnie; en franchissant la barricade, cinquante individus se jetèrent sur moi, me désarmèrent, me firent prisonnier, et me conduisirent chez Mlle Lacouture; on voulut me forcer à prendre un fusil et à faire des cartouches, je refusai. « Je ne suis pas votre esclave, leur répondis-je. » J'ai su qu'on avait délibéré sur la question de savoir si je serais fusillé. Une personne vint obligeamment me prévenir que je ne le serais pas. Mlle Lacouture m'offrit de me rafraîchir; je refusai, et lui demandai un déguisement; cette demoiselle y consentit, elle me prêta une vieille camisole et des vêtemens de femme; mais je n'étais pas déguisé pour tous, et le porte-drapeau me reconnut; enfin je pus m'échapper en mettant mon mouchoir sur mes moustaches, et me sauver jusque chez moi. — D. Combien de tems êtes-vous resté prisonnier? R. Cinq heures. — D. Vous a-t-on rendu votre sabre? R. Oui, plus tard je l'ai retrouvé.

Le témoin reconnaît Conilleau; il déclare qu'il est venu dans la maison un instant avant qu'il en sortît lui-même; il croit également reconnaître Vigouroux.

M. le président. Combien étaient-ils dans la maison.

Le témoin. Dans une lettre insérée dans *Le Constitutionnel*, et qui était signée : *Un vrai Français de dix-huit ans*, on a prétendu qu'ils n'étaient que quarante. J'ai répondu à cette lettre dans le *Journal des Débats*, et j'ai affirmé, comme j'affirme encore, qu'ils étaient plus de 300; j'en ai compté 290.

M Dourlans, commissaire de police du quartier Saint-Avoye. J'ai constaté l'état de la maison n° 30, où je ne suis entré que le 7. Le dessous de la porte était encombré de cadavres, que j'ai fait transporter à la Morgue ; je suis monté ensuite chez M. Blanc, où nous avons fait exacte perquisition, ainsi que dans tous les étages ; nous avons trouvé quelques armes et des munitions en petite quantité chez Mlle Lacouture. Les meubles étaient abîmés, les murs et les plafonds criblés de balles, les fenêtres également démolies par des boulets. — D. Etes-vous allé dans la maison n° 48 ? R. Non ; mais j'ai su que plusieurs révoltés s'y étaient réfugiés par les toits. — D. Pouvez-vous donner des renseignemens sur l'accusé Grimbert ?

Le témoin. Cet individu a parcouru les rues Maubuée, Bar-du-Bec, Saint-Méry, Simon-le-Franc, avec une bande d'individus, afin de désarmer les gens du quartier. — D. Quel jour ? R. Le 6, au matin.

Grimbert. Je désire que le commissaire de police s'explique sur ce que les voisins pensent de moi ? R. Ils sont indignés de sa conduite.

M. Billet, capitaine au 42e. Le 6 juin, vers trois heures, j'étais de service rue Saint-Méry, d'après les ordres de M. Sébastiani, afin de pénétrer dans la maison et de me saisir des rebelles. Je montai au n° 48 ; là je trouvai huit ou dix individus tremblans, qui nous priaient de ne pas leur faire du mal ; Conilleau y était, il avait une blessure au bras, il me dit qu'il l'avait reçue de la veille. Pendant ce tems-là deux volgiteurs enfonçaient une porte ; j'entendis les cris d'un jeune homme, d'un enfant, qui demandait grace ; j'empêchai ces voltigeurs de lui faire mal. Des armes ont été jetées par les fenêtres ; on en a trouvé aussi sur les toits. Ce jeune homme, je le reconnais (Fradelle) ; il m'a dit n'avoir pas tiré : il paraissait très-effrayé.

Fradelle On voulait me tuer, monsieur m'a sauvé la vie.

M. le président. Il a fait son devoir.

Le témoin. Les soldats étaient très-irrités ; ils avaient perdu des camarades ; le colonel avait été blessé.

D. Des individus arrêtés ont-ils été fouillés ? R. Aucun n'a été fouillé.

M. le président, à Fradelle. D'où venait le fusil trouvé près de vous ?

Fradelle. En sortant par les toits de la maison n° 30, nous étions trois : un passe, puis moi, et le troisième me tend son fusil pour qu'il puisse monter plus facilement ; ensuite il dit : Je ne vais pas par là, je ne serais pas assez loin du n° 30, et il s'en alla ; c'est ce fusil que j'ai emporté, et que j'avais caché dans la couverture du lit sous lequel je m'étais blotti.

M. Delapalme. Quelle était l'attitude de Conilleau ?

Le témoin. Il était très tranquille, très calme, et je l'aurais pris pour le locataire de la maison ; mais c'était un logement de charbonnier, et M. Conilleau n'avait pas du tout l'air d'un charbonnier.

M. le président, à Sudre, trompette. Quel est votre âge ? R. Vingt-cinq ans. — D. Dites tout ce que vous savez. — R. Quand nous sommes arrivés au n° 48, on m'a tiré deux coups de fusil à travers la porte ; je suis monté, et nous avons trouvé un particulier dans un cabinet, un autre au 4ᵉ, et cinq ou six au 5ᵉ.

D. Par où a-t-on tiré? R. Par la porte de l'allée ; la balle passa près de moi ; l'individu qui a tiré était à l'entrée de l'allée ; il a même repoussé la porte sur moi ; je n'ai pas pu lui lâcher mon coup de fusil, il s'est sauvé. — D. Qu'avez-vous dit à ceux que vous avez arrêtés ?

Le témoin. Je voulais les tuer ; le capitaine me dit : « Faites des prisonniers et pas de victimes. » Je lui répondis : « Si on m'avait tué dans la rue, on ne m'aurait pas fait prisonnier. »

M. le président. Pourriez-vous reconnaître ceux que vous avez arrêtés ?

Le témoin. Je les reconnaîtrais s'ils n'étaient pas déguisés ; ceux que nous avons pris étaient vêtus bien misérablement.

(Le témoin reconnaît Dumineray, Falcy, Fradelle, Conilleau, Métiger.)

D. Dumineray avait-il la bouche et les mains noircies de poudre ? R. Oui, les mains. Quand je suis arrivé dans une chambre où ils étaient cinq ou six, une femme me dit : « Ah ! vous venez me délivrer. » Un des individus qui étaient là m'a mis son fusil sur la poitrine. J'étais tout seul, mais j'ai croisé la baïonnette, et j'ai dit : « Le premier qui bouge, je l'enfonce. » — D. Est-ce Falcy qui vous mettait en joue ? R. Je ne crois pas.

M. le président. Témoin, vous avez fouillé Métiger ?

Le témoin. Il avait de la poudre et du plomb.

Metiger. Je venais d'entrer dans la maison sur les deux heures, parce que la porte de chez moi était fermée ; je demeure rue Saint-Méry.

M. Billet est rappelé. J'étais le premier avec le témoin, et je n'ai pas entendu ni vu tirer de coups de fusil ; il a pu se tromper, car on tirait des coups de fusil à côté.

Sudre. C'est bien dans la porte de l'allée, car j'ai vu le fusil ; même que le particulier ne pouvait pas le retirer des barreaux de la porte.

Castel, sergent au 42ᵉ de ligne. Le 6, vers trois heures et demie, nous sommes entrés par la rue du Cloître Saint-Méry ; il y avait des hommes armés aux croisées ; nous sommes montés au n° 48 ; là nous avons trouvé des cartouches, des balles, de la poudre, et neuf individus. — D. Tirait-on de cette maison? R. Oui. — D. Sudre vous a-t-il dit que de l'allée on avait tiré sur lui? R. Non.

Le témoin reconnaît Conilleau, et affirme qu'il avait les mains noires.

Conilleau. C'est une erreur, le témoin confond avec un autre accusé.

Un juré. Le sergent a-t-il vu Falcy armé d'un fusil? R. Lorsque je suis rentré Falcy n'avait pas d'arme, mais Sudre était entré avant moi.

Sudre, entendu de nouveau, ne sait pas trop s'il a vu un fusil à Falcy.

Courreau, sergent au 42e de ligne. Le 6 juin, nous passions dans la rue; je vis chez le boucher deux hommes, dont un me mit en joue; je l'ajuste, il jette son fusil et se cache sous le banc; nous avons tiré, et puis nous avons pénétré dans la maison, où nous avons pris vingt-quatre individus; je reconnais Dumineray, Falcy, Métiger et Conilleau. Je me rappelle fort bien qu'un voltigeur a trouvé dans la poche de Métiger de la poudre et des balles.

D. A-t-on tiré sur vous? R. Non, on m'a ajusté seulement, et l'on n'a pas tiré sur Sudre de l'allée; le fusil était braqué de la boutique du boucher.

M. Mautreti, boucher, interpellé, dépose que sa boutique est assez éloignée de l'allée du n° 48; qu'une boutique de vitrier les sépare.

Me Trinité. Le témoin a-t-il remarqué si Dumineray avait les mains et les lèvres noircies de poudre? R. Non.

Me Sebire. M. le président, nous nous sommes concertés avec mes confrères, et nous renonçons à l'audition de MM. Lafayette, Odilon-Barrot, Mauguin et de Tracy.

M. le président. Cette observation trouvera sa place lors de l'audition des témoins.

Guibal, voltigeur. De la boutique du boucher on a tiré sur nous; nous avons monté au n° 48; il y avait des pistolets derrière la glace, des fusils, des cartouches. Nous avons arrêté beaucoup d'individus. Je reconnais MM. Falcy, Fradelle, Conilleau et Dumineray.

Me Trinité. Je ferai remarquer, pour qu'on apprécie bien ce que c'est qu'une reconnaissance, que devant le conseil de guerre le témoin n'a pas reconnu Dumineray.

M. le président. Reconnaissez-vous Métiger? R. Il était au cinquième. M. Conilleau avait les lèvres noires et les mains.

Aubrié, voltigeur. J'ai arrêté Fradelle, qui a dit n'avoir tiré qu'un coup de fusil.

Fradelle. Je n'ai pas parlé au témoin, mais au sergent, et j'ai dit :

Ne me faites pas de mal, je n'ai tiré aucun coup de fusil. Je n'aurais pas été assez bête d'avouer que j'avais tiré, pour me faire tuer par ces messieurs, qui en avaient bien envie.

Sylvestre, voltigeur. En entrant dans une chambre, il y avait une femme qui nous dit : Ce n'est pas la peine de chercher, il n'y a personne. Nous sommes entrés; il y avait un petit qui a dit : Ne me faites pas de mal, je n'ai tiré qu'un coup. Le capitaine nous a empêchés de lui faire du mal.

Une discussion s'engage sur la question de savoir si Fradelle a dit : Je n'ai tiré qu'*un* ou *aucun* coup de fusil. Le témoin finit par déclarer qu'il ne peut rien affirmer; mais il croit qu'il avait la bouche et les mains noires.

M. le capitaine Billet. M. le président, ma conscience me fait un devoir de prendre la parole. Le cabinet était obscur; j'ai fait approcher Fradelle de la fenêtre; il n'avait ni les mains ni la bouche noircies par la poudre. Cela s'explique : les voltigeurs, émus, animés, ont pu ne pas conserver des souvenirs bien précis.

Beuzelin, tambour de la garde nationale. Lorsque nous sommes partis le 5 pour rappeler avec le capitaine Martin, en arrivant rue Saint-Méry nous avons été arrêtés par plusieurs individus placés à une barricade; le capitaine s'est avancé, et a parlé avec un chasseur. On a tiré sur nous, et nous nous sommes repliés.

Le 6, on nous a dit que Rojon était aux barricades. Le lendemain, on m'annonça que, dans un cabaret, il s'était vanté d'avoir tiré sur la garde nationale; j'allais lui donner des coups, on m'a retenu; il a été conduit devant le colonel, et a avoué avoir tiré trois coups sur la garde municipale.

Rojon. C'est faux; Beuzelin m'a injurié, il a tiré son sabre; ils m'ont traîné au poste sans que j'aie rien dit.

Le sieur Lavenant. Le 7, chez un marchand de vin, rue Guérin-Boisseau, un particulier débitait des injures contre la garde nationale; il se vantait d'avoir tiré sur elle; nous lui avons fait des reproches. « Vous êtes donc, nous dit-il, de la garde nationale? — Oui, de la banlieue. — Eh bien! nous dit-il, nous vous avons fait courir hier comme des petits lapins. » Nous l'avons arrêté et conduit au poste, où il a avoué avoir tiré trois coups de fusil sur la garde municipale.

Rojon. J'étais meurtri de coups, je n'ai pu ni rien entendre ni rien répondre.

Le sieur Coustel. M. Rojon s'est vanté d'avoir tiré sur la garde nationale; il a dit qu'il en avait tué, et qu'il en tuerait encore. Je lui fis des reproches, en lui disant que j'étais garde national de la banlieue. « Ah! bon, dit-il, nous vous avons joliment fait danser hier aux barricades! »

Rojon. J'étais ivre.

Le témoin. Il sentait le vin et l'eau-de-vie, mais il n'était pas ivre à déraisonner.

Le sieur Gabriel Coustel. Rojon se vantait d'avoir tiré sur la garde nationale.

Rojon. C'est faux.

Le témoin. C'est bien vrai ; et si je n'avais pas arrêté le sabre de l'autre tambour, vous auriez été drôlement engainé.

Mme. Roussi, marchande de vins, confirme la déposition des précédens témoins.

Le sieur Chaillou. Rojon m'a dit le 7 qu'il gagnerait plus à tirer des coups de fusil qu'à travailler, et qu'il avait fait feu sur la garde nationale ; mais il était un peu ivre.

Rojon. Il faudrait être dépourvu de bon sens pour avoir dit ça.

Le sieur Verrier. Dans la barricade de la rue Saint-Méry, j'ai reconnu Rojon ; il tirait sur la garde nationale et la troupe de ligne depuis dix heures matin jusqu'à quatre heures du soir ; il avait un bonnet de police.

Rojon. Je n'avais pas un bonnet de police.

M. Milleret, marchand de vin, rue Saint-Méry. J'ai vu tirer Rojon le 6 juin, depuis cinq ou six heures jusqu'à onze heures du matin.

Rojon. J'étais à boire avec Cordonnat.

Cordonnat est appelé ; il ne se rappelle pas s'il a bu le 5 ou 6 avec Rojon

Le sieur Dupont affirme aussi avoir vu Rojon faire feu.

Le sieur Legrand, bijoutier, déclare que le 6 juin il s'est promené depuis neuf heures du matin jusqu'à deux heures avec Rojon dans le quartier du Palais-Royal, et que le 7 il l'a rencontré dans un état complet d'ivresse.

M. le président. Il y a des témoins qui disent avoir vu Rojon ailleurs.

Le témoin Je ne l'ai cependant pas quitté.

Le sieur Berny, logeur. Je connais Gentillon, il logeait chez moi : le 6, il est rentré avec un fusil ; je lui ai dit que je ne voulais pas qu'il rentrât avec des armes chez moi ; il n'a pas fait de résistance, et il est revenu sans fusil, il a couché à la maison. On a trouvé un sabre dans le lit où il couchait avec un commissionnaire. — D. Ce commissionnaire était-il tranquille ? R. Oui.

Gentillon. C'est le 5 au soir, en revenant du convoi, que je trouvai un fusil ; je l'ai apporté chez mon logeur, et, sur son avis, j'ai été reporter ce fusil où je l'avais trouvé.

L'audience, suspendue à quatre heures, est reprise à quatre heures et quart.

M. Mathieu, logeur, rue Maubuée.

D. Qu'est-ce que vous savez ? R. Pour qui suis-je ?

M. le président. Vous n'êtes ici que pour dire la vérité. Avez-vous vu Gentillon? R. Je l'ai vu le 6 avec un fusil à la barricade de la rue Maubuée.

Le sieur Maillard, coiffeur, rue Maubuée. Relativement à la moralité de l'accusé. . — D. Quel accusé? R. Ce Monsieur (Gentillon).... je ne sais rien. Relativement aux journées de juin, je l'ai vu passer le 6 à sept heures du matin, sans armes. Je crois aussi l'avoir vu plus tard à la barricade avec un fusil. — D. Dans la journée du 6, la force publique s'est-elle présentée rue Maubuée? R. Oui, mais on tirait sur elle.

Me *Durand de Saint-Amand.* Dans l'instruction écrite, le témoin a déposé avoir vu Gentillon une partie de la journée, mais sans armes.

M. *Polite, bottier, rue Maubuée.* Je connais Grimbert : le 6 juin, à trois heures et demie du matin, la fusillade nous a éveillés; sur les sept heures du matin, une cinquantaine de jeunes gens se sont embusqués à ma porte pour avoir mon arme; on m'en avertit, je descendis à ma boutique; Grimbert me dit : Donnez votre fusil. Je ne voulais pas, ma femme m'engagea à le donner; alors Grimbert me suivit et prit mon fusil; on voulait le lui arracher, il dit : Non, non, je le tiens, et je suis des vôtres. Le soir, j'ai vu Grimbert, je lui ai demandé mon fusil, il m'a dit qu'on le lui avait pris. Si je n'avais pas donné mon fusil; ils m'auraient tué; car *je chausse les sergens de ville* et je passe pour un *mouchard*, et sans Grimbert ma boutique aurait été pillée.

M. Boulay de la Meurthe, juré. Grimbert faisait-il partie de la bande? R Je n'en sais rien; il est entré par l'allée au même instant que les autres; du reste, Grimbert s'est toujours bien conduit, c'est un bon voisin et un homme très-humain.

M. Mignon, marchand de vin. Le juif polonais (Grimbert) et le garçon du charcutier ont forcé ma porte, et ils ont pris sept tonneaux pour faire une barricade à la tête de la rue Maubuée. — D. Quel jour? R. Le 6, dès le matin.

Grimbert. Je n'ai pas forcé son porte, il était ouverte. — D. Lui avez-vous pris ses tonneaux? R. Non, je vous jure ma parole d'honneur, je les ai vu prendre, mais pas touchés.

Le témoin. Et quand vous êtes venu chercher mon fusil?

Grimbert. Ah! pour le fusil de monsu, c'est pas vrai; jamais je sis entré dans son maison. Ce monsu a déjà été servi comme faux témoignage, et il a été condamné à 500 francs d'amende.

M. le président. Témoin, est-ce vrai?

Le témoin. A quinze ou vingt francs pour bavardages.

Me *Lévesque jeune.* Pour diffamation, par exemple.

Jeanne. Je pense que MM les jurés désirent s'en aller; quant à moi, je suis incommodé, j'ai besoin de repos; il me serait impossible de soutenir le débat plus long-temps.

M. le président. L'audience est renvoyée à demain, huit heures et demie du matin.

CINQUIÈME AUDIENCE. (27 OCTOBRE.)

A neuf heures l'audience est ouverte.

Le sieur Botot, distillateur. Le Polonais Grimbert s'est présenté chez moi rue Maubuée, il m'a demandé mes armes: je lui ai dit que je n'en avais pas, et il s'est retiré; c'était le 6 juin vers midi.

Grimbert. C'est vrai.

M. le président. Pourquoi demandiez-vous un fusil? R. Je dis que je sortais de chez monsu Polite avec d'autres personnages qui me forçaient, et j'étais joliment content que ce monsu n'avait pas son fusil, et je le demandais pour que les autres ne demandent pas plus durement, et pour rendre service à mes voisins.

Mme. Jacquemin. Le 6 juin, huit hommes sont venus pour me demander des armes. M. Grimbert est entré après, et a fait sortir ces hommes.

M. Parmentier, épicier, rue Montmorency. On s'est introduit chez moi; on m'a demandé: « Etes-vous le bourgeois? — Oui. — Vous avez un fusil? — Oui. — Il nous le faut; et ces individus ont été le prendre dans la salle du fond.

M. le président. Combien étaient-ils! R. Huit ou dix, dont deux armés. M. Fourcade m'a dit: « Je suis un homme d'honneur: donnez-le-moi ce fusil: si je ne suis pas tué, je vous le rapporterai, » et pour preuve il me donna l'adresse d'un M. Lambert, imprimeur. — D. Ce fusil vous a-t-il eté rapporté? R. Non, Monsieur.

Fourcade. Le témoin a d'abord déclaré que j'avais l'air tranquille, et non d'un insurgé, chez le juge d'instruction il ne me reconnaissait pas, c'est moi qui lui ai dit: « C'est à moi que vous avez remis le fusil. » Chez lui j'entrai, forcé par les autres insurgés: il fallait bien paraitre d'accord avec eux. Alors je pris Monsieur à part, et je lui demandai son fusil, avec promesse de le lui rendre. Derrière la carte de M. Lambert était mon nom. Un quart-d'heure après je me suis retiré dans une maison rue Saint-Martin.

M. le président. Comment vous trouviez-vous là?

L'accusé. Je sortais de l'hôpital, où j'étais atteint du choléra; et ayant le bras paralysé, certes je n'avais ni la force ni l'intention de me mêler au trouble. Après quinze jours de prévention, j'ai été mis en liberté; c'est alors que j'ai rencontré celui chez lequel j'avais déposé le fusil, et je me suis fait reconnaitre, c'est là la cause de mon accusation.

Le témoin déclare que l'adresse de Fourcade n'était pas au dos de la carte qu'il a déposée chez lui.

M. Michel, marchand à la toilette, rue Saint-Martin, n° 32. Après plusieurs charges, j'entendis sonner à la porte qui est à côté de chez moi; je sortis, et je vis pluseiurs hommes armés qui demandèrent à entrer. Ils ont insisté, ils voulaient enfoncer la porte. Je leur dis que cet appartement était confié à ma garde, et ils renoncèrent à leur projet. Au même instant, deux individus arrivèrent; l'un est Fourcade. Ils nous dirent: « Nos fusils sont inutiles, nous n'avons plus de cartouches. » Un jeune homme me dit: « Si quelqu'un mérite récompense, c'est moi; j'ai tué sept gardes nationaux. » — Malheureux que vous êtes! lui dis-je, croyez-vous qu'avec votre république les alouettes vous tomberont toutes rôties dans le bec? M. Fourcade me remit l'adresse de M. Lambert; il en déchira la moitié en disant: « Si j'envoie quelqu'un avec cette moitié de carte vous remettrez le fusil. » Je sortis. Snr les cinq heures du soir, Fourcade fut arrêté rue Saint-Martin, no 31; il était avec deux voltigeurs qni le conduisaient; il me fit signe, et se réclama de moi; mais je le signalai comme ayant déposé un fusil chez moi. J'oubliais de déclarer que dans le jour Fourcade m'avait dit: « Les barricades sont bien mal faites, les balles passent à travers. »

M. le président donne lecture d'un procès-verbal constatant que le fusil porté par Fourcade n'avait pas été tiré.

Le témoin croit qu'il avait fait feu.

M. le président. Parmentier, à quelle heure le fusil vous a-t-il été pris? R. Sur les dix heures.

M. le président. M. Michel, à quelle heure vous a-t-on déposé le fusil? R. A midi.

(Fourcade explique comment, forcé de se réunir aux insurgés, il put, vers midi, s'échapper et se réfugier chez le sieur Michel.

Nicolas. rue Saint-Méry, n° 48. Plusieurs individus sont entrés dans la maison, ils descendaient des étages supérieurs. Il y avait un trou à la toiture. Des militaires montaient presque au même instant, et les arrêtèrent.

Marmut. Le 5, à trois heures, je suis arrivé avec Conilleau de la campagne. Nous sommes restés ensemble jusqu'à neuf heures; c'est alors que nous avons été séparés.

Soufflet. Le 5 juin, je dinai chez moi avec Marmut et Conilleau, qui restèrent chez moi jusqu'à neuf heures. Conilleau avait une redingote rougeâtre.

(Decombe atteste la moralité de Conilleau.)

Bousquet. J'ai vu Dumineray dans son magasin le 5 et le 6, jusqu'à neuf heures et demie dix heures. J'ai su que, le 5, il était allé voir passer le convoi pendant une heure. Il n'avait pas demandé la permission de sortir, mais le magasin était fermé. Je sais que, dans la nuit du 5 au 6, il a couché à son domicile. Il est tranquille, et a la meilleure moralité.

M. Levasseur. Le 6 juin, à neuf heures, Dumineray était encore chez moi. Dans la journée du 5, il a pu, en faisant une course, aller voir le convoi. Le 6, il m'avait demandé s'il fallait ouvrir, je lui dis que non, qu'il fallait attendre les événemens. Il y a trois ans qu'il est chez moi; il a la meilleure conduite. Je sais qu'il prenait sur ses appointemens vingt-cinq sous par jour pour sa jeune sœur.

M. Mouton J'ai vu Vigouroux sortir le 6 à huit heures du matin, et rentrer à dix heures; je l'ai vu revenir avant midi; je suis sûr que le 6 il avait son uniforme.

M. le président. Connaissez-vous l'accusé depuis long-temps? R. Un an avant son départ pour le corps. Vigouroux a toujours été très-tranquille.

Mlle. Virginie Suisau, brunisseuse, rue des Gravilliers. J'ai vu M. Vigouroux le matin chez lui, il parlait de son intention d'aller chercher son permis de séjour; il rentra à une heure de l'après-midi. Je l'ai revu plus tard devant la porte; il n'est pas sorti de la maison: il se présentait quelquefois sur mon carré, et il conversait avec les voisins.

M. Jean Pilou, bijoutier. Je connaissais Vigouroux, je l'ai vu le 6 juin presque toute la journée; il est resté deux heures chez moi, près de la croisée; je l'ai vu sortir et rentrer à plusieurs reprises; il demeurait debout sur la porte, je ne puis pas préciser les heures.

M. Collet, limonadier. Je connais Vigouroux, je l'ai toujours reconnu pour honnête homme; je l'ai vu dans la journée du 6 entrer et sortir jusqu'à midi, une heure environ; il était habillé en militaire ce jour-là.

M. Alexandre-François, herboriste. Le 6 juin, j'ai vu Vigouroux sur le pas de sa porte, sans armes, dans la matinée, je ne puis pas préciser l'heure.

M. Claude. Le 6 juin, j'ai vu Bouley à l'Hôtel-de-Ville, au coin de la rue de la Mortellerie. Nous avons pris un petit verre ensemble; nous sommes allés déjeûner rue de l'Epine, puis nous avons été nous promener sur le quai jusqu'à onze heures.

M. le président. Bouley, comment n'avez-vous pas indiqué ce témoin dans l'instruction? R. On m'a seulement demandé le lieu de mon arrestation. D'ailleurs devant le conseil de guerre, qui condamnait à mort, j'étais embrouillé.

Mme Dessales, logeuse. Je connais M. Renouf; il a toujours vécu de son travail, et était fort tranquille.

M. Durand connait Renouf depuis dix ans; il l'a recueilli à l'âge de dix ans, et depuis lors ce jeune homme s'est parfaitement bien conduit. Le 5, dit le témoin, Renouf est resté chez moi; il est plein de probité; on l'a accusé de pillage: il y a des gens qui ne pillent pas, il est de ce nombre: chez moi il a eu des fonds considérables à sa disposition, il n'en a jamais abusé, et en ce moment même une place qui ne peut être donnée qu'à un homme intègre l'attend; c'est celle de garçon de caisse chez un de mes cousins-germains, qui connaît Renouf depuis son enfance.

Plusieurs témoins déclarent que le 5 au soir M. Rossignol était en armes, attendant que sa compagnie fût réunie, et les ordres de ses chefs

M. Rouard a vu M. Rossignol se retirer chez lui après avoir parlementé avec M. Martin, commandant un peloton de la garde nationale.

M. le président. Vous avez vu Rossignol rentrer immédiatement chez lui. R. Immédiatement n'est pas le mot; après une décharge, M. Rossignol suivit la patrouille, et rentra peu d'instans après chez M. Fournier.

Me Saunières. Le témoin n'a t-il pas entendu Rossignol gémir sur ce qui venait de se passer à la barricade?

Le témoin. Oui, Monsieur.

M. Savoie, marchand de rouenneries. Je connais MM. Rossignol et Jeanne. J'ai vu Rossignol qui nous a demandé le 5 à quelle heure la compagnie se réunirait; plus tard, il a parlementé avec le capitaine Martin; puis il est rentré dans la barricade, c'était son chemin pour aller chez lui: il n'a pas tiré.

M. Jeanne a protégé mon magasin; les insurgés voulaient s'en emparer pour s'y établir et faire feu; il s'y est opposé. Il était au convoi avec nous, et n'ayant que son sabre. Notre compagnie a été obligée de se séparer et de se sauver, à la charge des dragons.

Un juré. Qui est-ce qui a fait feu le premier?

Le témoin. Je suis intimement convaincu que les dragons ont fait feu les premiers.

Jeanne. M. Savoie n'est pas dans la même compagnie que moi; sa compagnie était en avant de la nôtre; lorsque cette compagnie *essuya le premier feu des dragons*, ceux qui nous précédaient refluèrent sur nous; *nous serrâmes nos rangs* jusqu'au catafalque; là on fit feu, mais un feu provoqué par la troupe; plusieurs des nôtres furent blessés, deux tombèrent morts à mes côtés; alors tous les gardes nationaux tirèrent leurs sabres, et, s'adressant aux dragons: *Gredins*, dirent-ils, *nous nous verrons ce soir!* Je partageai cette indignation, je suivis le mouvement, et je courus à mes armes.

M. Ninet, prédécesseur de Fournier, donne sur celui-ci d'excellens renseignemens ; il se plaint avec amertume qu'à une précédente audience, M. Tavaut l'ait signalé comme ayant pris part à l'insurrection.

Mme Tavaut, rappelée, insiste, et dit avoir vu M. Ninet en désordre, comme s'il eût travaillé à la barricade. « Il a jeté, dit-elle, des cartouches de la fenêtre de l'estaminet : il avait un pistolet, et paraissait commander. »

M. Ninet. Messieurs : je suis depuis vingt ans dans le quartier ; il y a douze ans que je fais partie de la garde nationale ; je suis électeur, bien connu de tous mes voisins, et certes, si j'avais fait ce qu'on me reproche, tout le quartier m'aurait reconnu : d'ailleurs j'ai passé la plupart des instans de l'insurrection avec les voisins les plus notables du quartier.

Mme Tavaut insiste de nouveau.

M. Ninet, avec énergie. Puisque madame insiste, je demande et je désire qu'on me mette en jugement ; je tiens à honneur de purger une accusation aussi grave. Je n'ai d'ailleurs aucun motif de haine contre madame Tavaut ; si elle en a contre moi, qu'elle s'explique.

Mme Tavaut. Je n'en veux pas à Monsieur.

M. Ninet. C'est sans doute une erreur de madame, mais une erreur déplorable.

Me Saunières. Si les faits énoncés par madame Tavaut devaient laisser planer le moindre soupçon contre M. Ninet, dans l'intérêt de la défense et de M. Ninet, j'insisterais pour qu'on entendît les personnes avec lesquelles M. Ninet a passé la journée.

M le président. Personne n'accuse M. Ninet.

Me Saunières. Excepté madame Tavaut.

M. le président. Madame Tavaut peut se tromper ; une enquête me semble inutile.

M. Drouet, principal clerc d'avoué, obligé par la fusillade de se réfugier le 6 chez Fournier, a vu mademoiselle Alexandre vivement émue, très triste : elle s'est même trouvée mal deux fois ; dans l'estaminet, où il est resté jusqu'à six heures du soir, on n'a pas fait de cartouches ; il n'a vu ni poudre ni balle. Rossignol et Fournier n'ont pris aucune part à l'insurrection. La garde nationale et la troupe de ligne tiraient sur des personnes inoffensives : c'est ce qui a forcé le témoin de se réfugier chez M. Fournier.

M. Bouley de la Meurthe. Vous dites que la troupe de ligne et la garde nationale tiraient sur des personnes inoffensives ?

M. Drouet. Oui, Monsieur.

Un juré. C'est une erreur.

M. Rousseau, commis marchand. Le 6, une vive fusillade me détermina à demander asile à M. Fournier ; il m'a accueilli : il était dix ou onze heures quand je suis entré chez lui; j'y suis resté jusqu'à la prise des barricades. Toutes les fois que des jeunes gens venaient avec des armes, M. Rossignol, par ses discours, les engageait à descendre; il n'y avait pas d'armes chez M. Fournier.

M. Dalvigny, chirurgien. Je connais MM. Rossignol et Fournier; j'étais dès la nuit dans les barricades pour faire des pansemens. Le 6, j'appris qu'un blessé avait été porté dans l'estaminet; là, je vis mademoiselle Alexandre qui prodiguait des soins à un individu qui, la veille, avait reçu un coup d'épée dans les reins par un sergent de ville; ce jeune homme m'affirma qu'il était inoffensif; il me chargea de faire avertir sa famille. A ce moment-là j'entendis battre la charge rue Maubuée; je demandai ce que c'était; mademoiselle Alexandre me dit: « N'avancez pas; déjà plusieurs balles ont pénétré dans l'appartement, et vous pourriez être blessé. » Un coup de fusil partit; je dis à mademoiselle Alexandre de regarder s'il n'y avait pas de blessé; elle regarda, et cria: « Eh! mon dieu! il y a un blessé; courez vite. » Elle me donna de la charpie et des bandes.

M. le président. Etiez-vous en uniforme? R. Oui, en uniforme de chirurgien.

M. le président. Avez-vous vu Jeanne? R. *Oui*, il m'a *sauvé la vie*. Je m'avançai devant la barricade, la sentinelle me crie *qui vive?* et me met en joue; Jeanne se précipite sur elle, relève l'arme, et dit: « *Malheureux! on ne tire pas* sur un *homme inoffensif.* »

M. Hulain, lithographe. Le 6 au soir, j'ai reproché à M. Rossignol de n'avoir pas empêché que la veille on se battît; il me répondit: « J'ai fait tout ce qui était en mon pouvoir pour empêcher que le sang français ne coulât. »

M. Wandelberg déclare que Grimbert s'est opposé long-temps à ce que les insurgés envahissent la maison du sieur Polite.

M. Toussaint, marchand de vin. Sans Grimbert, on aurait pillé ma maison; c'est un brave homme.

M. Pascal. Le 5, M. Conilleau revenait de Puteaux; il est sorti avec un de ses camarades, et en rentrant il m'a dit qu'il avait été blessé; ce n'est que le lendemain qu'il est sorti pour se faire panser.

M. Lambert, lithographe. Je connais Fourcade, il venait chez moi quelquefois; je l'ai connu chez M. Deshayes. — D. L'avez-vous chargé de vous procurer des pratiques? R. Non, Monsieur. — D. Reconnaissez-vous cette carte (l'une de celles saisies sur Fourcade)? R. Oui. — D. En aviez-vous remis à Fourcade? R. Oui. — Avez-vous donné à Fourcade des leçons de lithographie? R. Non, mais il en a été question.

Fourcade. Le témoin m'avait-il promis une commission si je lui procurais de l'ouvrage? R. Oui, Monsieur.

M. Fininot connaît Falcy ; il l'a vu le 6 juin à trois heures et demie du soir, époque à laquelle il a quitté son ouvrage.

(On passe à l'audition des témoins sur les faits généraux.)

Mᵉ Marie, avocat de Jeanne, expose dans quel but les accusés ont fait citer des témoins sur les faits généraux. Ce n'est pas, dit-il, pour établir qu'il y a eu provocation directe ou indirecte de la part de la troupe ; cette question, nous la laissons en dehors du procès ; mais les faits matériels se moralisent par l'intention, qui elle-même est dominée par les circonstances. Or, nous voulons établir que le 5 juin, au convoi du général Lamarque, il y a eu croyance générale que la troupe avait attaqué sans provocation, et que cette croyance, partagée par la garde nationale et par les citoyens, a excité une indignation générale.

M. Delair, avoué près la cour royale de Paris. J'assistais au convoi du général Lamarque ; je n'y étais pas avec ma compagnie, parce que M. Ganneron avait recommandé aux capitaines de ne pas nous réunir. Après avoir déposé sur le cercueil du général une couronne, je revins au Palais, où j'avais affaire. Peu d'instans après je retournai au convoi, et j'approchai de l'estrade. Lorsque le convoi fut arrivé, le mouvement du monde me repoussa, et je me trouvai près du petit pont du canal ; je restai là tout le tems des discours, et jusqu'après le départ du général Lafayette. J'avais entendu des décharges ; je les croyais en l'honneur du général Lamarque : cependant une dernière décharge se fait entendre, et je vois beaucoup de personnes qui se portent du côté de Bercy en poussant des cris affreux. Voulant savoir la cause de ces cris, je me retourne, et je vois les dragons qui chargeaient au trot. Je n'avais d'autre parti, pour éviter la charge, que de faire face en bonne contenance aux dragons ; une cinquantaine de gardes nationaux en firent autant ; les dragons se replièrent, on établit une barricade, et immédiatement après les dragons, qui s'étaient retirés, allèrent près de l'île Louviers. Il y avait beaucoup d'exaltation parmi les gardes nationaux qui avaient aussi été chargés, chacun criait *aux armes !* plusieurs d'entre eux se jetèrent dans le faubourg Saint-Antoine, et y allèrent chercher des armes ; quant à moi, je revins sur la place de la Bastille ; je parlai au colonel du 16ᵉ de ligne, je lui demandai s'il avait reçu des ordres pour charger ; il me dit que non, et que si les dragons avaient chargé, c'était par un excès de zèle.

Je ferai remarquer qu'entre les dragons et nous gardes nationaux il n'y avait personne qui pût se rendre coupable de provocations, et que rien ne m'a paru déterminer une charge semblable à celle qui a été faite par les dragons.

M. Delapalme. J'insiste sur ce que les dragons se sont retirés en présence des gardes nationaux.

M. Delair. Les dragons avaient dépassé le pont, nous nous sommes avancés en bon ordre ; je ne veux pas penser qu'ils aient eu oeur de nous, nous n'avions que des sabres ; mais ils se jetaient sur a foule, et ils se sont détournés en nous voyant. J'étais vivement ému. Deux gardes nationaux venaient d'être blessés à côté de moi, u moment où nous allions toucher au pont. — D. Savez-vous où ls avaient été blessés ? R. Par la charge des dragons. — D. Par des alles ? R. Oui, sans doute. M. le président ne m'a pas compris : es dragons ont fait les premiers une décharge de mousqueterie. — D. Savez-vous si les dragons n'avaient pas été attaqués au pont l'Austerlitz ? R. Ils n'en venaient pas.

M. Marie. Je demanderai au témoin si, dans ce moment-là, il vu des gardes nationaux tirer leurs sabres.

M. Delair. Oui, tous les ont tirés, et je me suis avancé sabre nu u-devant d'un officier de dragons.

Un juré. Je demanderai au témoin si le lendemain il a contribué, comme garde national, a rétablir l'ordre public ?

M. Delair. Si j'étais accusé, je pourrais, je devrais répondre à la uestion que m'adresse un de MM. les jurés ; aussi, et encore bien u'il me soit facile de répondre, je m'abstiendrai de le faire.

M. Delapalme demande qu'on entende *Mme Dejollier, MM De- enêtreille* et *Debiercy*.

M. le président ordonne qu'on cite ces témoins.

M. Liembert. J'étais au convoi du général Lamarque ; je revenais ar le boulevart Bourdon. Un détachement de dragons, qui allait u pas, partit au galop, et se divisa tirant à droite et à gauche des oups de pistolets. Nous nous sommes refoulés sur le pont en criant, omme bien vous le pensez. — D. Aviez-vous entendu les discours, . Oui. — D. Quels cris les avaient suivis ? Des cris de *vive la république !* non pas la meilleure des républiques, mais bien *vive la république* tout court. — D. Quel est l'effet que produisit cette charge ? R. Un très-mauvais effet ; on criait à la trahison ! à la trahison ! t si tout le monde avait eu des armes, ça aurait fait une bien mauvaise affaire ; car quand on voit des dragons courir en désordre, et e jeter sur une foule inoffensive....

M. le président. Ainsi, sans cause, vous auriez employé vos armes ?

Jeanne. Je conçois que M. le président, qui a dépassé *l'âge des passions* ; qui est habitué, comme magistrat, à n'agir qu'avec réserve et après être remonté des effets aux causes, eût recherché la ause de ces charges ; je serais même étonné qu'il eût agi autrement ; nais nous, *jeunes gens sans défense*, peu habitués aux formes lentes le la justice, *et frappés à mort*, que nous demandions, que nous *echerchions* la cause de cette *agression*, vous ne l'exigerez pas. lous savions qu'il y avait des balles, qu'elles *donnaient la mort*, u'il fallait *l'éviter* ; et *à notre âge* on *n'évite* les *balles* et la *mort* qu'en *répondant par des balles et la mort*. C'est pour *repousser l'agression* que j'ai pris mon *fusil ; vous savez le reste.*

M. Chéradame fait la même déposition que le précédent témoin, et affirme que les dragons ont chargé et fait feu sans provocation. — D. A-t-on chargé sur vous? R. Sur moi comme sur les autres. — D. Vous étiez en uniforme? R. Oui, Monsieur; ils ont renversé deux gardes nationaux, et ne se sont arrêtés qu'en présence d'une barricade formée dans un clin d'œil.

Me Marie. Il y a eu une grande exaspération?

Le témoin. Oh! oui; on a crié aux armes, et les gardes nationaux ont tiré leurs sabres?

Jeanne. Les gardes nationaux étaient-ils armés autrement qu'avec leurs sabres.

Le témoin. Je n'ai vu que des sabres; s'il y avait eu des armes, on aurait riposté, et il n'y a pas eu de riposte.

(M. l'avocat-général donne lecture d'une lettre adressée par M. Desollier, chef d'escadron des dragons, au *Constitutionnel*; il résulte de cette lettre que cet officier avait l'ordre formel de ne prendre une attitude hostile que dans le cas où il serait attaqué avec opiniâtreté, et après avoir usé de tous les moyens de conciliation. Dans cette lettre, M. Desollier déclare qu'il a été attaqué par une décharge de vingt coups de feu, qui blessèrent plusieurs sous-officiers et soldats de son détachement, et que, malgré cette première attaque, il a tenté encore des moyens de conciliation, et, guidé par l'intervention de plusieurs gardes nationaux, il a réussi à éloigner la masse irritée.)

Me Sebire fait observer que cet officier était le chef de ceux qu'on accusait d'avoir chargé sans ordres, et que sa lettre ne peut être considérée que comme une justification.

M. Thibaudot, manufacturier à Choisy-le-Roi. J'étais, le 5 juin, à la tête d'un peloton de gardes nationaux; ce peloton venait troisième; l'estrade faisait face; nous en vîmes descendre les députés. A ce moment-là il y eut intention manifeste de se retirer, mais il y avait difficulté à cause de la foule; alors on nous annonça que l'on tirait près du pont de la Tournelle sur les gardes nationaux; en effet, nous entendions des coups d'armes à feu; un escadron de dragons arriva au galop, chassant devant lui la foule; cette charge excita l'indignation des gardes nationaux; je me portai alors à la tête du pont; il y avait en face de moi quelques élèves de l'Ecole polytechnique; des dragons arrivèrent près de nous, puis se retirèrent au grand galop, et vinrent à passer au galop au milieu des gens qui s'étaient rangés à la première charge. On criait aux armes, et le sentiment général était que c'était une surprise, et qu'on avait été attaqué par les troupes.

M. Delapalme. Déjà les dragons avaient été attaqués.

M. Thibaudot. J'ajouterai quelques mots : avant ces coups de fusil, des provocations très graves nous avaient été adressées par des gens tout-à-fait inconnus.

Jeanne. Je demanderai au témoin s'il n'a pas pu remarquer qu'avant même que le cortége se mit en marche, des hommes revêtus les uns de l'uniforme de *gardes nationaux*, et d'autres habillés en *bourgeois*, n'avaient pas tenté de s'introduire daus *nos rangs*, et s'ils n'en avaient *pas été chassés ;* s'ils ne nous faisaient pas voir *des bonnets phrygiens,* et si on ne disait pas : Ces hommes doivent être *de la police.*

M. Thibaudot. Je n'ai pas connaissance personnelle de ces faits.

M. le président. Si un homme portant un drapeau séditieux se fût présenté à vous, qu'auriez-vous fait ?

M. Thibaudot. Je l'aurais repoussé.

M le président. Vous ne l'auriez pas arrêté? c'est cependant un délit.

M. Thibaudot. Je n'étais pas chargé de la police du convoi.

M. Georges, marchand de vin en gros. Lorsque je me fus approché de l'estrade, je vis arriver les dragons; quelques minutes après, ils firent une décharge; on tenta de faire une barricade avec de vieilles futailles; mais ils continuaient à tirer, il fallut fuir. J'ai la conviction intime que les dragons ont tiré sans provocation aucune de la part du peuple, et l'indignation était générale. — D. Savez-vous s'ils n'avaient pas été attaqués? R. Non, Monsieur, j'en suis convaincu. — D. D'où venaient ces dragons? R. Je ne sais. — D. N'aviez vous pas entendu des décharges auparavant? R. Non, Monsieur, à moins qu'elles n'aient été faites en même temps que les décharges funèbres.

M. Bescher, homme de lettres, âgé de 70 ans. Je me rendis avec un de mes voisins à la place de la Bastille; nous longeâmes le boulevart Bourdon. A peine étions-nous arrivés au bout du boulevart, qu'on cria : « Voilà des dragons! » En effet, ils avançaient; on était ému, je l'étais peu, car je ne prévoyais pas une attaque. Une voiture passait là, chargée de tonneaux vides, et on barra le passage; des coups de feu se firent entendre; on cria de toutes parts : « On tire sur la garde nationale, sur les citoyens! » Moi, je n'eus d'autre parti à prendre que celui de me sauver par la rue de la Contrescarpe; les dragons lâchaient leurs carabines d'un côté du bassin du canal à l'autre, et tiraient sur nous; nous n'eûmes d'autre ressource que de nous réfugier dans les maisons. De là je me sauvai par des rues détournées, prévoyant une collision, parce que de toutes parts on criait aux armes, à la trahison! — Comment marchaient les dragons? allaient-ils au pas? R. Oui. — D. D'où partaient les coups de feu? R. Du côté des dragons, mais les balles sifflaient à côté de nous. — D. Quand les dragons tiraient d'un côté du canal à l'autre, étaient-ils attaqués? R. Non, Monsieur : ils ne pouvaient pas l'être ; nous n'étions pas armés de notre côté, et de l'autre il n'y avait plus que les dragons.

M. Bignon, étudiant. J'étais devant le pont d'Austerlitz quand les dragons arrivèrent au galop ; un jeune homme est monté sur la barricade pour empêcher que l'on jetât des pierres, on n'en avait pas encore jeté; mais les dragons tirèrent sur la barricade, et on riposta par des pierres. — D. Aviez-vous entendu avant ce moment des coups de feu ? R. Non, j'ai vu tirer le premier coup de feu contre les barricades.

Me Marie. Qu'a-t-on pensé lors de cette charge ?

Le témoin. Que les dragons attaquaient sans provocation.

M. Le président. Saviez-vous ce qui s'était passé auparavant ? R Je crois que c'était là la première affaire.

Jeanne. Le témoin a-t-il entendu une sommation ?

Le témoin. Non, Monsieur.

M. Toucas, artiste peintre, déclare que les dragons ont fait une décharge de mousqueterie sur la garde nationale et les citoyens ; il n'avait rien entendu avant cette attaque.

M. Gardarin dépose qu'il a entendu dire qu'un officier de la ligne avait rapporté des effets dérobés rue Saint-Méry. Ce témoin a vu les dragons charger sans provocation, il a entendu tous les gardes nationaux crier aux armes!

M. le président. Avant de voir les dragons charger, avez-vous entendu des coups de feu? R. Non, et je crois qu'il n'en avait pas été tiré.

M. Grisy, tailleur d'habits, dépose dans le même sens; il affirme que les dragons ont chargé sans provocation; il ne sait pas si antérieurement on les avait attaqués. « J'ai été, dit-il, ainsi que tous les gardes nationaux, indigné de la conduite des dragons. »

M. Danduran, artiste. Le 5 juin, j'étais sur le boulevart Bourdon ; j'entendis des cris *aux armes ! défendons-nous !* A côté, étaient des dragons qui firent feu sur le peuple. Les barricades n'ont commencé qu'après les premiers coups de feu tirés par les dragons.

M. le président. Vous avez vu tirer les dragons ? R. Je les ai vus tirer comme je vous vois. — D. Les avait-on attaqués ? R. Non, Monsieur.

M. Piot, courtier en vin. Au Grenier d'abondance...

M. le président Vous êtes prévenu...

Me Marie. Je ferai remarquer que M. le président ne manque pas, avant d'interroger un témoin, de lui dire : Vous êtes prévenu. Ce ne peut être là un reproche contre la défense.

M. le président. Ah ! non sans doute.

Me Marie. L'accusation connaît ses témoins avant de les faire entendre, il faut bien que la défense connaisse ses témoins; et la cour doit croire qu'il y a autant de loyauté de la part du barreau que de la part de l'accusation.

M. *le président*. Sans doute; aussi je fais seulement observer que les témoins ont été prévenus.

Le témoin affirme qu'il a vu les dragons charger sur des hommes inoffensifs; il était indigné, et il se fût défendu s'il avait été armé, et aurait fait feu sur les dragons.

M. Laurette, négociant Le 5 juin je me retirais par le boulevart Bourdon: les dragons chargèrent sur nous, sans sommation; un homme inoffensif fut blessé près de moi. — Avant aviez-vous entendu des coups de feu? R. Oui, mais par les dragons, qui n'avaient pu être attaqués, car il n'y avait que nous, et nous étions sans armes. — D Quel sentiment avez-vous éprouvé? R. Un sentiment d'épouvante et d'indignation à la fois; si j'avais eu une arme, je me serais défendu. — D. Du point où vous étiez a-t-on tiré sur les dragons? R. Non!

M. Bellan, grenetier, grenadier dans la compagnie Laffitte. Le 5 juin, j'étais avec ma compagnie près du pont d'Austerlitz; nous entendons des cris, nous voyons une charge de dragons qui nous a dispersés: ils ont tiré sur nous, une balle m'a sifflé aux oreilles. — D. Ou étaient-ils quand ils ont tiré? R. A l'autre côté du canal, et nous par conséquent séparés d'eux par le canal. — D. Sur qui tiraient-ils? R. Sur la foule dont je faisais partie. — D. Savez-vous d'où venaient les dragons? R. Non. — D. Aviez-vous entendu avant des coups de feu? R. Oui, au moment même où l'on tirait du côte de la Seine, les dragons tiraient sur nous. — D Qu'avez-vous pensé dans ce moment? R. Tout le monde était étonné. On a crié *vengeance! aux armes!* — D Combien y avait-il de monde réuni sur les lieux? R. Beaucoup. — D. Combien pouvait-il en avoir au cortège? R. Je n'en sais rien.

M. Chaumerot, libraire. J'étais avec une partie de ma compagnie (Laffitte), très près du catafalque. Après les discours, la garde nationale se disposait à se retirer; je vis les dragons sortir de la rue de la Cerisaie, et faire une charge sur le peuple. — D. Dans ce moment-là le cortège était séparé? R. On se séparait. Quand la charge a eu lieu, nous étions prêts à nous défendre, nous nous sommes crus attaqués.

M Hébert, marchand de vin en gros. J'étais à la Bastille au moment où les dragons nous ont chargés, le sabre et la carabine à la main; il ne nous ont pas prévenus, et ont tiré sur nous. — D. Avant, aviez-vous entendu des coups de feu? R. Non. — D. Qu'avez-vous pensé? R. On criait *aux armes! à la vengeance!* officiers et soldats de la garde nationale, nous avons crié *aux armes!* nous avons excité le peuple à s'armer. Plusieurs officiers ont désarmé eux-mêmes des postes, en excitant les gardes nationaux à se mettre en défense. Si tout le monde eût voulu faire comme moi, nous aurions couru à nos armes.

M. Josse, marchand boucher. Lorsque les charges ont eu lieu, j'étais à l'entrée du boulevart l'Hôpital; j'ai aperçu un mouvement qui se faisait, je me suis approché, et j'ai vu les dragons charger sur le peuple sans sommation.

M. Vidal, changeur de monnaie, passage Choiseul. J'étais dans les rangs de ma compagnie en colonne serrée, au-delà du pont du canal; après les discours, le bruit se répandit que des charges de cavalerie avaient lieu sur le boulevart du Temple. Nous ne voulions pas croire ce bruit; nous étions indignés de la présence d'un drapeau rouge couronné d'un bonnet phrygien. En ce moment on met le général Lafayette dans un fiacre, qui fut traîné par des hommes du peuple. Le bruit se répand de nouveau qu'on chargeait; un instant après nous entendons des feux de peloton sur nos derrières; nous nous retournons, un cri général se fait entendre. Alors nous voyons sur le boulevart Bourdon des dragons charger sur des hommes sans défense. On crie *aux armes! aux barricades!* Nous tirons nos sabres, nous avons regretté de n'avoir que de misérables briquets, nous sommes rentrés chez nous, et au rappel nous avons rejoint nos compagnies. — D. Savez-vous quels cris se proféraient? R. Des cris de *vive* et de *à bas la république!* — D. Les dragons ont-ils tiré de l'autre côté du canal? R. Nous étions plus haut, mais nous les avons vus tirer sur les masses. — D. Tirait-on sur les dragons? R. Je n'ai vu personne armé, et je ne crois pas qu'on ait riposté.

M. Dutout, négociant. même déposition. — D. Vous a-t-on dit qu'on tirait sur le peuple? R. Oui, et nous avons entendu des détonations; j'étais de sang-froid, et j'ai vu, bien vu, les dragons charger sur le peuple inoffensif. — D. Leur a-t-on tiré des coups de feu? R. Je n'en ai pas vu.

(Quelques témoins restent encore à entendre. L'audience est renvoyée au lendemain dimanche dix heures.)

DU PROCÈS DES VINGT-DEUX.

(NATIONAL.)

L'arrêt de la cour de cassation qui a renversé l'état de siége et rendu à leurs juges naturels les prévenus des 5 et 6 juin, n'a rien changé au système de poursuite que l'état de siége avait adopté à leur égard.

La première pensée de l'état de siège, c'était d'obtenir expéditivement des jugemens et des exécutions. On s'y prit fort mal, puisqu'on attendit que le danger fût passé pour instituer des conseils de guerre, et la prolongation du danger aurait pu seule rendre exécutables les jugemens qui auraient été rendus par des commissions militaires.

Des commissions militaires n'auraient eu naturellement aucune enquête à faire sur les causes de la lutte qui s'était engagée. Agissant au nom d'un gouvernement de fait, leur rôle, dans sa simplicité terrible, eût consisté à établir pour chaque prévenu une participation quelconque à la résistance armée, et à appliquer les lois sur la révolte.

Quand un gouvernement et une population sont aux prises, c'est le vainqueur qui fait la position du vaincu. Si le gouvernement est le vainqueur : s'il usurpe sur le pays le pouvoir judiciaire pour le joindre au pouvoir exécutif; s'il fait juger les vaincus par ses propres soldats, nul doute que les vaincus, en présence de ceux qui les ont combattus, ne soient des révoltés. Il suffira d'établir la résistance armée : le crime et la peine s'ensuivront.

Mais quand les choses sont rentrées dans l'ordre régulier, quand les prévenus, qui d'abord avaient été livrés à des commissions militaires, sont rendus à leurs juges naturels par arrêt d'une cour souveraine; quand la justice, qui est un pouvoir indépendant du gouvernement, un arbitre placé entre lui et le pays, est appelée à prononcer sur le sort d'hommes qui ont été pris les armes à la main, ou rencontrés près des lieux d'où sont partis les coups de fusil dirigés contre la force publique, suffit-il alors, pour que le prévenu soit coupable, qu'il ait en effet combattu ?

Non, car ce n'est pas toujours un crime de résister à la force armée et d'élever des barrciades contre elle, témoin nos journées de juillet. Il y a des cas où c'est un droit et un devoir de combattre le gouvernement par la force des armes; et, par exemple, c'eût été un droit de s'armer, le 6 juin, contre l'ordonnance de mise en état de siège, si cette ordonnance eût été connue. C'est encore un droit de résister par la force à une troupe qui chargerait sans sommations, ou à des provocations violentes qui seraient dirigées par la police.

Une enquête est donc indispensable toutes les fois qu'il y a eu collision entre la force armée et la population. Que le combat ait été long ou court, sanglant ou non sanglant, peu importe, puisqu'il n'y a jamais que les premiers coups qui engagent, et que l'engagement commencé, tout est entraînement, confusion, désordre. Le rôle d'un pouvoir judiciaire indépendant, c'est d'établir qui a porté les premiers coups, n'ayant pas la loi et le droit pour lui.

Il est résulté, du procès que nous avons soutenus nous-mêmes, qu'à six heures du soir, le 5, on croyait encore, à l'état-major, que la provocation non délibérée, mais imprudente, était venue de la force publique. Comment les insurgés qui se sont trouvés réunis au cloître St-Méry, dans la nuit du 5 au 6 juin, n'auraient-ils pas pu être dans la même erreur avec infiniment moins de moyens d'information; et s'ils étaient dans cette erreur, s'ils y ont été confirmés par quelques faits isolés, comme ceux dont paraît avoir été témoin cet homme d'une nature si impressionnable, si élevée et si courageuse, ce Jeanne, qui vient d'étonner ses juges par la hardiesse de ses aveux, suffira-t-il, pour les condamner, qu'on puisse établir qu'ils ont combattu?

Nous nous sommes élevés, dès les premiers procès de ce genre, contre l'iniquité qui se refusait à faire précéder toutes les affaires des 5 et 6 juin d'une enquête générale sur les causes de la lutte qui s'est engagée dans Paris, et sur le degré d'authenticité qu'ont pu avoir les diverses versions qui ont couru d'un quartier à l'autre, et qui ont entraîné les uns à s'armer pour le gouvernement, les autres à s'armer contre lui, suivant qu'on attribuait les premiers coups à la provocation de la force armée, à la police, ou à un noyau d'insurgés. Or, il est évident que ceux des vingt-deux combattans de Saint-Méry qui avouent la résistance à laquelle ils ont pris part ont cru à la provocation de la force armée, et, bien ou mal instruits, se sont laissé entraîner aux mêmes efforts que ceux qui triomphèrent en juillet du gouvernement de Charles X. C'est là leur seule défense, ils n'en ont pas d'autre; ils ne repoussent pas même les témoignages graves et peu généreux qui ont été accumulés contre eux. Ils ont combattu et ne le nient point, mais qu'on établisse qu'ils furent les provocateurs, ou bien qu'ils connurent les provocateurs et qu'ils leur donnèrent la main, ou bien encore qu'ils dûrent être mieux informés, dans le désordre qui couvrait Paris, des causes premières de la collision, qu'on ne l'était au ministère même de la guerre, et alors il sera permis de demander contre eux des condamnations capitales.

Ce que l'autorité judiciaire s'est refusée à chercher par une enquête, la défense l'a établi aujourd'hui d'une manière irrécusable. Il résulte des nombreux témoignages qui ont été entendus dans la séance de ce jour par la cour d'assises qu'il y eu, de la part des dragons, charge sans sommation, et que, sur plusieurs points, l'offensive a été prise par eux sans aucune provocation de la foule, en grande partie formée de gardes nationaux sans armes. Le déplaisir marqué avec lequel M. Jacquinot Godard, président des assises, a accueilli ces dépositions, et les efforts qu'il a faits pour les rendre suspectes, en adressant aux témoins des questions captieuses et déplacées, n'arrêteront pas le retentissement de ces importantes déclarations.

Ainsi, après bientôt cinq mois remplis par des procédures instruites à la hâte, sur des faits de résistance isolée, tandis qu'on n'a pas voulu rechercher et constater les causes générales de la collision, la vérité seulement commence à se faire jour sur l'ensemble des évènemens, et pourtant de nombreuses condamnations ont été prononcées pour des faits privés qui changeaient complètement de nature, du moment qu'on les séparait du fait général. Ce qui résulte au moins des pénibles débats du procès des vingt-deux, c'est qu'il y a eu, chez ceux qui ont combattu, conviction de leur bon droit; ils ont cru résister à une provocation, et non pas provoquer eux-mêmes; repousser la force par la force, et non pas commencer la guerre civile. Il n'y a pas la plus petite trace de complot ni de préméditation dans leur conduite; dans ce qu'on leur reproche, tout est forfuit, indélibéré. Ils ont pu se tromper en croyant résister; mais leur bonne foi est évidente; ils étaient persuadés qu'il y avait eu guet-apens de la police et provocation de la force armée. Ces considérations sont de celles qui doivent peser sur l'esprit d'un jury éclairé, et nous espérons que la défense en saura tirer un parti victorieux.

CHANGEZ LES NOMS.

L'INTERROGATOIRE ET LE BULLETIN.

On les appelle brigands, sans égards pour leur position d'accusés; il y a ordre donné de les injurier tous les matins. Pour eux, on fait stéréotyper des insultes, et puis les valets de plume se glorifient lorsqu'ils sont parvenus à consacrer un outrage, à faire passer dans la langue quelque nouvelle formule ou quelque mot improvisé, propres tous deux à dénigrer et à offenser.

Vous verrez que ces gagistes en viendront à solliciter une pension pour leurs services de délation, et à quêter des brevets d'importation ou de perfectionnement en fait de calomnie.

Et cependant, au fond de tous ces actes si blâmés maintenant, il y a une gloire qui survivra aux sentences qui frappent les hommes, parce qu'elle s'attache au souvenir impérissable des choses.

La première restauration a tué Labédoyère, Ney, Bories et ses courageux amis; la première restauration les a faits à jamais illustres.

Faites disparaître les passions politiques et la culpabilité relative; oubliez l'appréciation de réquisitoire; ne prenez pour historiens ni Bellart, ni Persil, ni Marchangy, ni Delapalme, ni Champanhet, ni Partarieu Lafosse; mettez à néant les réponses des juris qui passent; interrogez le juri de l'histoire qui ne passe pas, et alors, si vous le pouvez, fermez les yeux pour tâcher de nier tant d'héroïsme.

Que cela s'appelle juillet au lieu de s'appeler juin; Arcole au lieu de s'appeler Saint-Méry; que cela se nomme redoute au lieu de se nommer barricade; que cela se soit passé de Français à Autrichiens, au lieu de s'être passé de Français à Français; que la victoire soit restée au-delà au lieu de rester en-deça, et ce sera le Panthéon au lieu de la cour d'assises!

Et ne croyez pas qu'il en soit de même pour tous les faits; il y a des victoires qui ne peuvent point être glorieuses; il y a des défaites que rien ne peut empêcher d'être glorieuses.

Exhaussez la scène, remplacez l'infiniment petit par l'infiniment grand; mettez Napoléon à la place d'un président de cour d'assises, et lisez ce magnifique bulletin :

— Soldat, on rapporte de toi des traits de courage; on cite ton énergie et ton sang-froid.

— Sire, je crois avoir fait mon devoir.

— Tu as été au fort de la mêlée en criant : *Aux armes?*

— Je l'ai fait comme le faisaient alors les vrais soldats français.

— Le premier tu as pris les armes?

— Oui, je n'ai pas voulu marcher à l'ennemi sans fusil.

— Tu as construit une redoute?

— Oui, j'avais vu tomber près de moi deux de mes amis; je partageai l'indignation générale, et je criai : « Aux armes! aux armes! » Je me rendis armé sur le champ de bataille, attendant les autres soldats que j'avais vus animés des mêmes sentimens d'indignation que moi.

— Cette redoute ne fût-elle pas élevée aux cris de *vive la France*?

— Les cris de *vive la France!* ne se sont fait entendre qu'après la troisième attaque victorieusement repoussée.

— N'as-tu pas fait feu sur une patrouille?

— C'était toute une colonne qui s'avançait. Nous étions vingt sous les armes; nos adversaires s'avancèrent d'abord en amis; mais tout à coup ils se jetèrent sur un jeune homme sans uniforme qui se trouvait parmi nous. Je leur conseillai de s'enfuir, pour éviter la vengeance des camarades de ce jeune homme ; ils s'en allèrent, et firent bien.

— N'a-t-on pas demandé à un officier qui s'approchait s'il était là pour la France?

— Nous demandâmes aux soldats qui s'avançaient s'ils étaient amis. Ils continuèrent de venir à nous et ce ne fut qu'après avoir escaladé la redoute, qu'ils crièrent : *Coquins! nous vous tenons enfin!* Alors le feu s'engagea. Je ne sais plus rien ; car je reçus une balle qui me traversa les reins ; je tombai, puis je me relevai pour tirer un coup de fusil, je n'ai pu en tirer qu'un, ils avaient fui.

— As-tu commandé le feu?

— Je le dirais, si je l'avais fait.

— As-tu distribué des cartouches?

— Quand il en était besoin.

— N'as-tu pas tiré sur un bataillon?

— J'ai traversé avec *dix* hommes tout un régiment à la baïonnette ; j'ai perdu *huit* hommes et je me suis retiré.

Que vient-on de lire? Est-ce un fait d'assassin, d'homicide avec préméditation et guet-apens? Est-ce le récit d'un de ces immenses épisodes des guerres de la République et de l'Empire, ou bien l'acte d'accusation d'un criminel? Est-ce une action qui a mérité l'échafaud, ou bien une action digne des honneurs de toute une armée?

Je ne sais ; mais ces lignes sont copiées textuellement sur les paroles de M. le président Jacquinot-Godard et sur les réponses de l'accusé Jeanne, blessé au cloître Saint-Méry. Que cela ait lieu à Austerlitz ou dans la rue Saint-Martin, le courage n'est-il pas le même?

Nous ne prétendons excuser ni défendre l'insurrection ; mais nous rendons hommage au vrai courage dans quelque rang qu'il se puisse trouver, et nous croyons qu'en présence de pareilles actions, les vainqueurs pourraient, comme Napoléon, crier : honneur au courage malheureux.

(*Corsaire.*)

Aujourd'hui les débats de l'affaire Saint-Méry ont pris un nouvel aspect. Après cette longue suite de témoins à charge, on a commencé l'audition des témoins à décharge, c'est-à-dire que la parole a enfin été donnée à la défense, après cinq mois d'une longue accusation. Plusieurs témoins ont été entendus à la requête des accusés sur les faits généraux. Malgré tout mauvais vouloir, le système de provocation de la part de la force armée a pris un notable développement.

Cela a d'abord causé un moment de surprise chez certaines personnes, et ce n'était pas sans l'exercice d'un puissant empire sur lui-même que M. Jacquinot-Godard se décidait d'abord à faire les questions qui lui étaient indiquées par les défenseurs. On a remarqué même qu'il avait ordonné avec empressement l'assignation de plusieurs nouveaux témoins qui lui étaient indiqués par l'avocat-général, et qu'il avait remis à demain la citation de ceux présentés par les accusés, *s'il le jugeait convenable.*

Deux faits surtout ont dû surprendre. M. Delaire, avoué à la cour royale, ayant déposé de la provocation des dragons, et de la résistance que lui et plusieurs autres gardes nationaux leur avaient opposée, un juré lui a demandé si le lendemain, 6, il s'était réuni à la garde nationale pour faire cesser le désordre. M. Delaire a répondu qu'il ne croyait pas avoir besoin de rendre compte de sa conduite devant la cour d'assises; mais qu'en ce cas, il n'en serait nullement embarrassé. M. le président a ajouté que cela même lui servirait de réponse et que chacun la comprendrait. — Plusieurs personnes ont pris cette réflexion pour une épigramme.

Il est une autre circonstance où M. le président nous a paru ne s'être pas assez souvenu de l'esprit de ses fonctions. Il a demandé à M. Thibaudeau ce qu'il aurait fait si l'on s'était présenté à lui avec un bonnet phrygien. — M. Thibaudeau a déclaré qu'il aurait désapprouvé. — Comment désapprouvé! vous auriez dû arrêter le coupable: c'était votre devoir. — Mais, monsieur, je n'étais pas chargé de la police de la fête. — C'était le devoir de tout bon citoyen. — M. Jacquinot-Godard aurait peut-être été fort embarrassé si on lui avait demandé ce qu'il aurait fait à l'imprudent qui se serait présenté à lui avec un drapeau blanc. Il n'est pas sans danger parfois d'accuser ceux qu'on devrait se borner à interroger.

Nous savons qu'il faut pardonner beaucoup à l'entraînement du premier mouvement. Nous ne doutons point que la nuit ne porte conseil; que M. le président n'arrive à la prochaine audience avec des intentions plus favorables à la défense, et que si des hommes comme M. Thibaudeau s'offrent de déposer sur leur moralité, il ne revisera point leur témoignage, sous le prétexte qu'ils auraient été eux-mêmes l'objet de poursuites reconnues injustes et sans fondement. Il est si peu d'hommes dont les antécédens politiques autorisent une telle rigueur! M. Jacquinot-Godard devrait l'oublier moins que personne.

(*Tribune.*)

SIXIÈME AUDIENCE. (28 OCTOBRE 1832.)

On reprend les débats sur les faits généraux du 5 juin.

M Cordieu, coiffeur et garde national, J'étais avec ma compagnie au convoi du général Lamarque, près du catafalque, et à la tête du pont d'Austerlitz. Nous avons appris qu'il y avait du tapage sur les boulevarts; nous avons entendu distinctement les feux de peloton; un instant après, nous avons vu les dragons qui chargeaient sur le boulevart Bourdon; nous étions alors inoffensifs; tout le monde s'accordait à dire, dès ce moment, que les dragons avaient commencé.

M. le président. Nous avons donné des ordres pour que l'on se procurât un plan de Paris qui présente cette partie des boulevarts sur la plus grande échelle; ce plan va être développé, et il sera mis sous les yeux de MM. les jurés. (Au témoin.) Qu'ont fait les gardes nationaux qui étaient avec vous?

M. Cordieu. Nous avons tous été indignés, et nous avons tiré nos sabres, croyant que nous étions trahis.

M. Bessières, professeur, rue Saint-Etienne. Je faisais partie des décorés de Juillet. Après les discours prononcés, tous les rangs furent confondus; on ne songeait plus qu'à retourner chacun chez soi. Un homme à cheval, porteur d'un drapeau rouge, s'avança au milieu de la foule. Quelques instans après on entendit des décharges, et l'on nous dit que la troupe, que les dragons chargeaient du côté du pont d'Austerlitz. Cela fit une espèce de *remue ménage* (pardon! je ne trouve pas le mot propre). Chacun allait en désordre d'un côté et de l'autre, lorsque du côté du boulevart Bourdon des dragons vinrent, et chargèrent la foule qui était derrière nous. Nous passâmes de l'autre côté du canal, où l'on faisait entendre contre ceux qui chargeaient beaucoup de menaces. Lorsque nous fûmes sur le pont, nous continuâmes de suivre le boulevart; par-ci par-là on désarmait quelques postes.

M. le président. La foule montrait-elle une grande indignation?

M. Bessières. L'indignation ne fut pas grande d'abord; elle ne se manifesta que lorsque les dragons chargèrent derrière nous, sur le boulevart Bourdon.

M. Pascal, commerçant, place des Victoires, nº 7. Je me suis trouvé du côté opposé au Grenier d'abondance sur le bord du parapet, à peu de distance du petit pont du canal. Il était environ cinq heures. Je regardais cette foule immense qui recouvrait l'espace qui conduit au pont d'Austerlitz, lorsque tout à coup il se produisit une espèce de terreur. On cria de toutes parts : *Nous sommes trahis!* et d'autres propos de ce genre-là. Je regardais pardessus le canal, et j'aperçus des dragons qui prirent le galop, le sabre en main; ils tenaient tout l'espace depuis le canal jusqu'au Grenier d'abondance.

M, Raimbault, entrepreneur de peinture, marché Saint-Honoré. J'étais sur le boulevart de l'Hôpital, de l'autre côté de la Seine. Un mouvement s'est opéré sur le pont; je m'y suis porté; tout le monde criait à l'assassinat! Je demandai ce que cela voulait dire; on me répondit que les dragons venaient de charger sur le peuple sans sommation. Je ne voulais pas le croire; un garde national me prit par le bras, et me dit : « Regardez-vous même. » Les dragons faisaient des charges isolées au nombre d'une vingtaine; j'ai entendu deux ou trois coups de pistolet; alors une charge a été faite sur le peuple; j'ai vu tomber *à peu près la valeur* de trois ou quatre gardes nationaux en habit d'uniforme. On a crié vengeance, parce que les dragons chargeaient sur le peuple sans provocation.

M. Juste Roux, employé, affirme que la charge a commencé après le discours du général Lafayette et du maréchal Clauzel, et avant le départ du général Lafayette. On criait *à la trahison!* Beaucoup de gardes nationaux tirèrent leurs sabres.

M. le président. La charge des dragons n'avait-elle pas été provoquée par des coups de feu.

M. Juste Roux. Je n'en sais rien.

Me Marie. Je n'ai pas mission pour provoquer une pareille enquête. Elle sera faite par l'autorité supérieure, celle des chambres, si elles le jugent convenable. Je voulais seulement fixer ce point que, sur le boulevart Bourdon particulièrement, où se trouvait Jeanne, il n'avait été remarqué aucun mouvement offensif. Peu importe à la défense qu'il y ait eu ou qu'il n'y ait pas eu de provocations antérieures.

Jeanne. Je voudrais que le témoin déclarât si, à la distance où il se trouvait, les balles lancées par les pistolets des dragons pouvaient atteindre ceux qui venaient du côté opposé.

M. Roux. Je ne sais pas au juste la portée d'un pistolet d'arçon; mais certainement les balles pouvaient traverser le canal.

M. Dessolliers, chef d'escadron au 6e régiment de dragons, est introduit. Il s'explique ainsi : Nous reçûmes l'ordre, dans la journée du 5, de trois heures et demie à quatre heures, de diriger deux escadrons de dragons du côté du pont d'Austerlitz, tout près du quai des Célestins. J'en pris le commandement. J'avais ordre de soutenir la garde municipale dans le cas où elle serait fortement attaquée; je devais attendre les ordres qui me seraient transmis par l'officier supérieur commandant cette garde municipale.

Nous partîmes du quartier au pas; nos fusils étaient au porte-crosse, c'est-à-dire supportés par le cheval; les batteries étaient garnies de leur couvre-feu en cuir, qui entoure plusieurs fois la batterie, et est attaché par plusieurs courroies, ce qui demande du temps pour l'enlever. Nos fusils étaient également garnis de bouchons, ce qui ne dénotait pas d'intentions hostiles. Nous avions pourtant le sabre à la main. Cependant nos *pistolets étaient chargés;* mais ils étaient dans leurs fontes, et par-dessus les fontes se trouvait un porte-manteau roulé et plissé de manière qu'il est impossible de saisir les pistolets avant un certain laps de temps. Aussi, à l'armée, la cavalerie est obligée, pour se servir de ses pistolets, d'avoir les manteaux roulés autour du corps. Ces pistolets chargés n'étaient pas non plus une mesure de provocation, puisque nous ne pouvions nous en servir sans nous arrêter, et sans perdre un grand laps de temps.

Je sortis du quartier avec 200 *chevaux*, je me rendis au pas au lieu de ma destination. A peine y fus-je arrivé et eus-je commandé halte, qu'un fiacre en assez mauvais état vint à passer à côté de moi; cette voiture (celle du général Lafayette) était traînée par des gens du peuple, et suivie par une foule de personnes qui étaient armées ostensiblement ou non, et fort exaspérées. A ce même instant, nous reçumes très-près plusieurs coups de feu. Ils étaient tirés par des fusils de munition provenant des armes déjà enlevées aux postes environnans de ce quartier-là, tels que celui de la place de l'Arsenal, de la Poudrière, ainsi de suite. Les hommes qui n'étaient point armés se saisirent de pierres, arrachèrent des palissades, et s'en servirent pour nous attaquer. A ma gauche j'avais le capitaine Carbon, commandant du premier escadron du régiment, qui fut blessé au bras, et eut le casque déformé et ployé par la chute d'une pierre fort lourde. Nous étions vraiment attaqués. Nous savions aussi fort bien, comme le disait hier M. Jeanne, que c'étaient des balles qu'on lançait sur nous, et que les balles donnent la mort.

M. l'avocat-général. Permettez, *il faudrait quitter le journal que vous tenez à la main* : on pourrait supposer que c'est un papier sur lequel vous lisez votre déposition.

M. Desolliers (après avoir serré ce journal dans sa poche). Nous avons souffert l'attaque sans y répondre. Le capitaine placé à côté de moi était, ainsi que moi, décidé à ramener par la persuasion des hommes qui nous paraissaient momentanément égarés. Dans cette conviction, je m'avançai seul de ma personne. Nous avions le sabre hors du fourreau. Par précaution, et pour faire une démonstration ostensible, je fis remettre les sabres dans le fourreau avant de me porter en avant. Je me présentai près d'une barricade derrière laquelle étaient des hommes armés de fusils et de pistolets. Je cherchai à leur témoigner combien nous étions loin d'avoir des intentions hostiles, et que nous n'étions là que pour le maintien de l'ordre et la conservation des lois ; que nous n'engagerions point le combat, mais que nous nous défendrions si nous étions attaqués.

Pendant cette espèce de pourparlers, un jeune homme de dix-sept ans s'avança très-près de mon cheval, et fit feu ; fort heureusement il me manqua, parce qu'il n'était pas de sang-froid. Je continuai encore mes exhortations, parce que je voulais toujours ramener la tranquillité, voulant me conformer aux ordres de mon colonel et du maréchal ministre de la guerre, et employer tous les moyens de conciliation avant d'arriver à ces malheureux événemens qu'on ne saurait trop déplorer. Le jeune homme eut le tems de recharger son arme ; il me manqua de nouveau ; il la rechargea une troisième fois, et fit feu ; cette fois malheureusement sa balle traversa le côté droit de M. Briqueville, jeune officier placé derrière moi. Je pensai qu'alors ma mission de paix était parfaitement remplie, que ma conscience ne me reprocherait plus rien, et que je ne serais pas responsable des suites de ce qui allait arriver. Je pris la détermination de me défendre, et même vigoureusement.

Pendant ce tems arrivèrent près de moi quatre excellens citoyens, M. Larabit, M. Devauchelle, chef de bataillon de la garde nationale de Rouen, M. Soubiranne et M. Dufour, qui se conduisirent avec tout le patriotisme désirable. Ces messieurs, voyant que la lutte allait éclater entre ces hommes égarés et moi, se décidèrent, en bravant le plus grand danger, à se porter en avant, et finirent en exposant leur vie à calmer cette exaltation. Les hommes égarés s'écartèrent de ma colonne ; cela dura à peu près une heure ou une heure et demie. Il en résulte que cette colonne de deux cents chevaux n'a pas tiré un seul coup de fusil, pas même un coup de pistolet ; je le jure sur l'honneur ; et cependant nous avions déjà éprouvé bien des malheurs.

Dans ce même instant, je reçus du maréchal ministre de la guerre l'ordre d'agir littéralement comme je venais de le faire ; je fus très-heureux d'avoir suivi d'avance ces ordres. Le ministre nous prescrivait de nous laisser attaquer, ou d'attendre même qu'il y eût des blessés avant de nous défendre.

Pendant ce tems, le colonel était resté dans l'intérieur du quartier. La position, à cause de la nature du terrain, qui forme un défilé, et qui est embarrassé par des palissades, était fort mauvaise. On aurait dû envoyer là de l'infanterie, et non de la cavalerie. Quoi qu'il en soit, le colonel, averti par les coups de feu, se décida à sortir de son quartier. Il était tellement résolu à employer tous les moyens de conciliation imaginables, que lorsqu'il sortit, à la tête de ses deux cents chevaux, force égale à la mienne, il se fit précéder par des trompettes jouant des fanfares. La colonne avait, comme la mienne, les fusils supportés par le cheval. La tête de la colonne n'avait pas fait trente ou quarante pas, qu'elle reçut une décharge de vingt ou trente coups de feu qui lui furent tirés par des hommes placés derrière des barricades formées avec des charrettes, des voitures et des matériaux de toute espèce. La colonne était encore en grande partie dans l'intérieur du quartier, lorsque le malheureux brigadier Esnault fut tué à trente pas du quartier. Je demande s'il est possible qu'alors nous nous soyons dispensés de charger.

Plus tard, le colonel lui-même fut blessé, et il eut son cheval tué sous lui. La colonne prit le trot, mais sans faire feu; elle longea la rue de Montmorency, la rue de Sully et la place de l'Arsenal; elle perdit cinq ou six dragons tués, et autant de chevaux. Le chef d'escadron Cho;let, mon malheureux camarade, y fut tué. La colonne déboucha sans avoir fait feu jusqu'alors sur le boulevart Bourdon. Là, il est positivement vrai qu'elle s'est défendue, mais à contre-cœur; nos dragons savaient très-bien que, dans un pareil événement, de chaque côté la patrie aurait à perdre. Il est très-vrai que sur le boulevart Bourdon les dragons ont chargé; ils se sont défendus, mais ils se sont constamment arrêtés devant les gardes nationaux, ils n'ont jamais agi contre eux hostilement; ils connaissaient bien les hommes égarés, ils les ont poursuivis, et ils ont parfaitement bien fait.

M. le président. Avez-vous pris part à la charge qui a été exécutée sur le boulevart Bourdon?

M. Desolliers. Non, Monsieur.

M. le président. Qui la commandait?

M. Desolliers. Notre colonel ayant eu son cheval tué à trente pas de la porte du quartier, on l'a transporté blessé chez lui, et le lieutenant-colonel. M. Grand, qui a pris le commandement, a été aussi blessé.

M. le président. M. Grand pourrait-il venir aujourd'hui à l'audience?

M. Desolliers. Il a été fort malade, il est resté pendant trois mois couché; mais je pense qu'à présent il peut sortir. La seconde colonne étant privée de ses officiers supérieurs, je me trouvai chargé du commandement; mais ces accidens firent perdre du tems, et nous empêchèrent de poursuivre vigoureusement les malfaiteurs.

M. le président. Vous venez de dire que plusieurs des hommes qui suivaient la voiture du général Lafayette étaient armés de fusils de munition enlevés aux postes voisins. On avait donc avant l'attaque commencé à désarmer les postes?

M. Desolliers. Oui, Monsieur; déja à l'entour de notre quartier on était dans une grande exaltation. Le quartier était envahi par des hommes égarés qui voulaient l'occuper comme une citadelle, lorsque les escadrons de l'intérieur sont sortis et ont dispersé la foule.

M. le président. Avez-vous fait avertir votre colonel de ce qui se passait?

M. Desolliers. Nous avions des adjudans sous-officiers déguisés en bourgeois pour transmettre des ordres. Un d'eux est allé avertir le colonel de la position où je me trouvais.

M. le Président. La seconde colonne a-t-elle fait des décharges?

M. Desolliers. Non, Monsieur; ayant perdu ses officiers supérieurs, elle est rentrée au quartier.

Me Sebire. Je désirerais que le témoin pût préciser le moment où la charge a eu lieu sur le boulevart Bourbon, et si ce n'est pas avant que tous les discours fussent prononcés?

M. Desolliers. Je pense qu'alors les discours étaient terminés, puisque le fiacre dans lequel se trouvait le général Lafayette avait déjà quitté le cortège.

Un juré. Avant l'arrivée du fiacre, avait-il été tiré déjà quelques coups de fusil ou de pistolet?

M. Desolliers. Non, Monsieur, mais le fiacre était suivi de personnes exaspérées d'une manière incroyable qui commencèrent le feu.

M. le président. Quels étaient les cris proférés par ces hommes?

M. Desolliers. Il était difficile de les distinguer, mais ils n'étaient pas en faveur du gouvernement.

Me Sebire. M. le général Lafayette est parti après avoir prononcé son discours, et sans attendre que les autres fussent prononcés. On conçoit très-bien qu'ayant fait tout le trajet à pied, malgré son grand âge, il devait être pressé de se retirer. Je désirerais que M. le président usât de son pouvoir discrétionnaire pour faire venir ici le général Lafayette. (Mouvement très-vif de curiosité dans l'auditoire.) Le général dirait que c'est contre son gré que le peuple s'est attelé à sa voiture.

M. le président. C'est bien certainement contre son gré; et si vous n'avez pas autre chose à lui demander, *son audition serait tout-à-fait inutile.*

M. Sebire. Son témoignage aurait aussi pour objet d'établir que parmi les hommes qui l'entouraient, M. de Lafayette n'a remarqué aucun homme armé.

M. le président. Y a-t-il eu des coups de pistolet tirés lors du passage du fiacre?

M. Desolliers. Les coups de pistolet ont été tirés un peu plus tard; je ne pense pas que le général ait pu les entendre. Le fiacre était arrivé au centre de ma colonne, ce qui ne laisse pas de faire une assez grande distance, lorsque les personnes qui suivaient à trente, quarante ou cinquante pas ont fait feu.

Un juré. On pourrait entendre le général Lafayette sur ce point-là.

M. le président. M. Lafayette parlerait très consciencieusement, mais de ce qu'il viendrait dire qu'il n'a pas entendu les coups de pistolets, cela ne détruirait pas la déposition du témoin.

Me Marie. D'après ce qui s'est passé, a-t-on pu concevoir dans la foule l'idée que les dragons avaient tiré les premiers?

M. Desolliers. Il est impossible à un homme d'honneur d'affirmer qu'une pareille idée a pu ou n'a pas pu naître. Ce qui est certain, c'est que mes dragons n'ont pas tiré un seul coup de pistolet ni de fusil, et que la colonne commandée par le colonel a été assaillie par des coups de feu lorsqu'elle sortait du quartier, et avant d'arriver au boulevart Bourdon. Elle a perdu, dans ce trajet, le colonel blessé, un chef d'escadron, un brigadier, et plusieurs dragons tués.

Me Sebire. Mon augmentation ne porte pas contre la déposition du témoin. Le système de la défense est de dire qu'il y a eu croyance de la part des gardes nationaux que les dragons avaient fait des charges sans provocations. Peu importe que les provocations aient eu lieu sur le quai Morland et aux environs de l'Arsenal: c'est la charge sur le boulevart Bourdon qui n'a paru nullement provoquée.

M. Dessolliers. Je ne nie pas que des personnes aient pu être induites en erreur. C'est ainsi que des journaux et tout récemment une brochure nous ont accusés d'avoir chargé les premiers. L'auteur de cette brochure a été induit en erreur, involontairement sans doute.

M. Delapalme. Puisque la publicité est appelée pour la première fois sur ce point, il serait bon qu'il fût éclairci.

M, Marie. Nous ne prétendons point élever de controverse sur le fait même de la provocation.

M. Levesque jeune. Ce point est étranger à l'affaire.

M. L'avocat-général. Il résulte de la déposition du témoin que la colonne commandée par le colonel a perdu, en sortant du quartier, tous les officiers qui pouvaient la guider.

M. Desolliers. Oui, Monsieur; et l'on avait si peu l'intention de commencer le feu, que les fusils étaient, comme je l'ai dit, au porte-crosse, et que les trompettes sonnaient des fanfares.

Un juré. Les dragons se sont-il arrêtés en voyant dans la foule des uniformes de gardes nationaux?

M. Desolliers. Oui, Monsieur; nous sommes trop bons amis avec les gardes nationaux pour les traiter en ennemis.

M. le président. Cependant plusieurs des hommes qui ont tiré sur vous n'avaient-ils pas des uniformes de gardes nationaux?

M. Desolliers. Aucun n'avait d'uniforme.

Un juré. Y a-t-il eu des hommes tués ou blessés par les charges de dragons?

M. Desolliers. Je ne crois pas qu'il soit arrivé le moindre malheur à aucun de ceux qui se trouvaient sur le boulevart Bourdon : cependant je ne l'affirme pas.

Le témoin va s'asseoir après cette déposition. M. le président ordonne l'assignation, séance tenante, des officiers de dragons qui ont été blessés.

M Deverny, caporal invalide, gardien au pont d'Austerlitz. J'étais à mon poste le 5 juin, j'ai vu un petit homme qui a tiré sur les dragons qui sont venus par le petit pont du canal.

M. le président. N'y a-t-il pas eu un officier blessé ?

Duverny. Oui, Monsieur ; c'est moi qui l'ai soigné, avec le secours d'une marchande de tisane.

(L'audience est suspendue pendant cinq quarts d'heure.)

M. le président (après la rentrée de la séance). MM. les jurés comprendront les motifs de cette longue interruption. La demeure de plusieurs des témoins n'était pas connue, il a fallu prendre des informations. MM. Larabit, de Vauchelle et Dufour étaient absens.

M. Grand, lieutenant-colonel du 6e régiment de dragons, est introduit ; il a le bras en écharpe.

M. le président Vous êtes appelé pour donner des renseignemens sur ce qui s'est passé dans la soirée du 5 juin.

M. Grand. Nous sommes sortis à cinq heures moins un quart de la caserne, par une porte qui donne sur le quai de l'Arsenal. La colonne marchait au petit trot. En arrivant sur la place, on nous tira des coups de fusil des fenêtres. Le cheval du colonel tomba frappé de trois balles ; le colonel fut renversé, et je le remplaçai dans le commandement. Je fis prendre le galop. Un dragon fut tué par un coup de fusil tiré des fenêtres. Arrivé au boulevart Bourdon, je fis arrêter ma colonne pour voir ce que je ferais. On tirait sur la queue de ma colonne et sur mon flanc gauche, du côté du canal. Une barricade était établie sur le boulevart Bourdon, et l'on faisait feu par-derrière. Nous chargeâmes sur la barricade pour l'enlever. Là, je fus blessé d'une balle, forcé de mettre pied à terre, et transporté dans le pavillon du garde du canal.

M. le président. Lorsque vous sortîtes du quartier, étiez-vous prévenu qu'une autre colonne de dragons avait été attaquée ?

M. Grand. Oui, Monsieur ; le commandant de la colonne a fait prévenir le colonel, par un sous-officier, qu'il se trouvait dans une fâcheuse position, et demandait du renfort.

Un juré. M. le lieutenant-colonel voudrait-il avoir la bonté de dire quels ordres avaient été donnés par le ministre de la guerre sur la conduite à tenir de la part des dragons.

M. Grand. Je ne commandais pas le détachement, c'était le colonel, que j'ai remplacé après qu'il a été renversé de son cheval.

M. Delapalme. M Dessoliers s'est déjà expliqué sur ce point.

M. Desolliers. Lorsque j'eus pris le commandement, M. le maréchal m'envoya un officier d'état-major, M. de Villars, qui nous recommandait la plus grande modération, et nous prescrivait de nous laisser attaquer avant d'attaquer nous-mêmes; mais dejà cet ordre avait été ponctuellement suivi par moi.

Me Sebire. Il résulte de la déposition du témoin qu'il existait déjà une barricade lors de son arrivée au boulevart Bourdon. Nous ne pouvons pas éclaicir de quel côté la provocation a eu lieu; mais puisqu'une barricade était élevée, il y avait donc eu une première charge?

M. l'avocat-général. Cette barricade a été faite avant qu'il ait paru un seul homme de troupe.

Me Sebire. Nétait-il pas sorti un autre détachement de votre régiment?

M. Grand. Il était sorti vingt-cinq chevaux, qui ne se sont pas dirigés du côté de l'Arsenal, mais du côté opposé. Lorsque nous sommes arrivés, nous avons vu une barricade formée de voitures renversées et de tonneaux.

Un juré. N'y avait-il pas eu des postes voisins attaqués et désarmés?

M. Grand. Oui, Monsieur : le poste du Grenier d'Abondance, fort de vingt-cinq hommes commandés par un sergent. Les révoltés se sont emparés de leurs armes, et s'en sont servis pour tirer sur nous, soit sur le quai, soit aux fenêtres.

Me Sebire. Comment se fait-il que le commandant Desolliers ayant demandé des renforts parce qu'il était menacé, la seconde colonne ait suivi une direction différente?

M. Grand. Je venais de dégager les dragons du côté où ils étaient attaqués : il fallait bien trouver la position.

M. Briqueville, capitaine au même régiment, s'explique ainsi : Le 5 juin, vers cinq ou six heures, après le salut d'adieu fait au général Lamarque, nous entendîmes de notre quartier tirer plusieurs coups de fusil. A la force de la détonnation, je jugeai que les fusils étaient chargés à balles. Comme on criait en même temps *vive la république!* je dis : Apparemment ces messieurs vont nous attaquer. En effet, un maréchal-des-logis arriva de la part du commandant Desolliers, et le colonel nous donna l'ordre de sortir. Aussitôt que notre tête de colonne fut dans la rue de Sully, nous fûmes assaillis par trente ou quarante coups de fusil. La charge fut commandée, les insurgés se dispersèrent; nous chargions en fourrageurs, parce qu'il y avait sur notre chemin des malheureux auxquels nous ne faisions pas grande attention. Une barricade était formée près du pont du canal; derrière elle étaient des insurgés, qui firent feu sur nous. M. le lieutenant-colonel a été blessé; nous avons traversé cette barricade, et sommes allés nous placer sur le pont du canal; mais derrière les palissades s'étaient sauvés trente à quarante de ces individus-là ; ils déchargèrent contre nous trente ou quarante coups à la fois. C'est là que j'ai été blessé ; on a commandé demi-tour, et nous sommes allés prendre un autre ordre de bataille sur le quai.

M. le président. Pendant ce trajet, a-t-on continué de tirer sur vous?

M. Briqueville. On n'a pas cessé de tirer sur nous de tous côtés; on tirait même encore sur nous de l'autre côté du canal, mais c'était un feu peu nourri. La barricade paraissait avoir été formée de ce côté pour nous empêcher d'aller rejoindre les deux escadrons commandés par M. Desolliers.

M. le président. Avez-vous fait feu alors?

M. Briqueville. Nous n'avons pas fait feu du tout. Nous avions devant nous une barricade; nous avons été forcés de mettre nos chevaux au galop pour l'enlever. Une partie des insurgés s'est enfuie dans l'île Louviers, une autre derrière les palissades du Grenier d'Abondance.

M. le président. Vîtes-vous alors beaucoup de gardes nationaux?

M. Eriqueville. Il y avait des gardes nationaux qui paraissaient n'avoir d'autre intention que de retourner chez eux.

Un juré. Dans quel moment tirâtes-vous?

M. Briqueville. Je répète que nous n'avons pas tiré du tout. Nous avions le sabre à la main lorsque nous fûmes assaillis par des coups de fusil et de pistolet que l'on tirait dans la rue et des fenêtres.

M. le chef du jury. Votre escadron a-t-il fait feu?

M. Briqueville. Non, Monsieur.

M. l'avocat-général. Pourriez-vous donner des détails sur la mort du lieutenant Chollet.

L. Briqueville. Je ne pourrais donner par moi-même des renseignemens à cet égard. Nos chevaux étaient lancés avec vigueur, on tirait sur nous des coups de fusil, on nous jetait des pierres et des morceaux de bois; nous allions droit notre chemin. Je n'ai pas vu tomber le capitaine Chollet, mais d'autres personnes l'ont vu; il est tombé à bas de son cheval, et s'est relevé pour remonter : on lui a même offert quelques dragons pour l'aider, parce qu'il avait eu la jambe cassée, et qu'il avait de la peine à monter à cheval.

M. Delapalme. Savez-vous les détails de sa mort?

M. Briqueville. Je ne puis en parler que par ouï dire. On m'a assuré que son cheval était tombé; et M. Chollet se trouvant couché par terre, on lui tira deux coups de pistolet dans le ventre.

Me Marie. MM. les jurés remarqueront que le témoin n'en parle que par ouï dire. Je m'étonne que l'on cherche à produire des *effets d'audience* avec des ouï dire.

M. le président. Il ne s'agit pas de produire des effets d'audience, mais d'arriver à la connaissance de la vérité.

Me Marie. Il s'agit de mettre les jurés en garde contre les ouï-dire.

Me Sebire. Une pareille déposition ne peut produire d'autre effet que d'exciter une juste indignation contr les auteurs de pareils faits, contre les infâmes qui ont assassiné à terre un brave militaire. Mais ces détails atroces sont étrangers à l'affaire, ils ne peuvent que produire une impression désastreuse pour la défense, et sans utilité pour l'attaque.

M. le président. Lorsque le commandant Chollet a été tué, aviez-vous déjà fait feu?

M. Briqueville. Je réptèe encore une fois que nous n'avons pas fait feu du tout.

M. le président. Les détails que vous venez de donner sur la mort du chef d'escadron, vous ont été communiqués par des dragons qui se trouvaient là?

M. Briqueville. Par les dragons qui étaient avec moi.

M. Marie. Avez-vous remarqué que les gardes nationaux tirassent leurs sabres.

M. Briqueville. Non, Monsieur; j'ai seulement remarqué deux ou trois gardes nationaux qui n'avaient que leurs briquets, et qui s'échappaient de la cohue pour retourner chez eux.

M. *Boulay (de la Meurthe), juré.* Capitaine, des ordres de faire feu ont-ils été donnés par le colonel.

M. Briqueville. Ces ordres n'ont pu être donnés par le colonel, qui a éte hors de combat avant d'arriver sur le boulevart Bourdon.

M. Boulay. Quelques soldats de votre régiment ont-ils fait feu?

M. Briqueville. Non, Monsieur.

M. Adolphe Thibaudeau, placé derrière le banc où plusieurs rédacteurs de journaux prennent des notes, se lève avec vivacité, et *s'avance au milieu de l'enceinte intérieure*, en disant : *Je demande à être confronté avec le capitaine* Briqueville.

M. Monteix. Et moi à être confronté avec M. Grand, qui a été blessé près de l'endroit où je me trouvais.

M. l'avocat-général; *à M. Monteix.* Vous n'avez pas encore été entendu; êtes-vous assigné comme témoin?

M. Monteix. Non, Monsieur; je me trouve à l'audience comme journaliste, et je demande à parler sur un fait qui m'est personnel.

M. le président. Dites d'abord vos noms et profession.

M. Monteix. Je me nomme Joseph Monteix, âgé de vingt-quatre ans, propriétaire. J'étais si près de la voiture du général Lafayette, qu'une des petites roues m'a passé sur le pied, et que j'ai eu beaucoup de peine à marcher. Je me suis traîné et suis arrivé au bas du canal. On avait déjà tiré des coups de carabine ou de pistolet; je ne sais pas qui avait commencé. Lorsque les dragons furent sur le pont, on tira sur eux ; M. Grand a été atteint d'un coup de feu. Deux élèves de l'Ecole et moi nous avons pris par le pont, et nous avons vu et entendu des coups de pistolet tirés dans la direction des dragons

M. *le président*. Tirait-on sur eux ?

M. Monteix. Non, Monsieur, on ne tirait pas sur eux ; la direction des coups venait de leur côté ; c'est plus tard que l'on a tiré des coups de fusil.

M. *Thibaudeau*. J'ai déposé hier de ce qui s'était passé du côté de l'Arsenal. Je me suis porté à l'entrée du petit pont : je suivais le parapet de gauche ; il y avait sur le parapet de droite quelques élèves de l'Ecole polytechnique avec un drapeau tricolore. L'espace entre nous était vide. Quelques gardes nationaux arrivèrent sur la barricade. Quelques dragons y arrivèrent aussi. Il y a eu un maréchal-des-logis qui a été tué. Il y a eu aussi des coups de pistolet tirés par les dragons qui chargeaient.

M. Monteix. Il faut demander à M. Grand si les dragons ont tiré sans ordres.

Un juré. Les dragons ne tirent jamais sans l'ordre de leur chef.

M. Grand. Les dragons étaient le sabre à la main et les pistolets dans les fontes : il aurait fallu s'arrêter pour mettre les pistolets en état de faire feu.

M. le président. Capitaine Briqueville, les hommes de votre corps ont-ils pu tirer,

M. Briqueville. Les pistolets étaient dans les fontes ; on ne s'occupa pas de cela ; nous ne savions si nous devions avancer ou reculer, parce que nous ne voyions pas de quel côté on nous attaquait. Nous avons fait demi-tour, afin de nous ranger en bataille.

M. Thibaudeau. Le capitaine Briqueville a fait arrêter devant la barricade.

M. le président, au capitaine. N'avez-vous pas dit que l'on tirait sur vous par derrière?

M. Briqueville. Oui, Monsieur, on a tiré trente ou quarante coups derrière les palissades, et c'est une de ces balles qui m'a blessé.

Me Sebire. Je répète que la défense n'est pas en état de répondre sur ce fait ; elle n'entend prouver qu'une seule chose, la croyance à la provocation.

M. Crépy-Leprince, capitaine d'état-major, appelé en vertu du pouvoir discrétionnaire, a dit : Le 5 juin, entre quatre et cinq heures, je me rendis, par ordre du lieutenant-général commandant la division, au convoi du général Lamarque, pour voir si l'ordre serait troublé sur les boulevarts.

Une heure après, pendant que j'étais au pont d'Austerlitz entre les dragons et la barricade, une fusillade se fit entendre. J'étais trop loin pour reconnaître de quel côté on tirait; le bruit circula tout-à-coup que c'étaient les dragons qui avaient tiré. Je fus assailli, un groupe d'individus vint à moi, et voulut me renverser de cheval. Je me mis en route pour aller rendre compte à l'état-major de ce qui se passait. M. Destins et M. Godin, gardes nationaux, pensèrent que, si j'allais seul, je pourrais courir des dangers; ils voulurent bien m'accompagner. Je rendis compte au général Pajol de ce qui se passait, et du bruit qui courait que les dragons avaient tiré les premiers. Le général et ensuite M. le maréchal en furent très-surpris; car on avait recommandé positivement aux chefs de troupes de s'abstenir de toute agression.

Me Marie. Dans le procès du *National* on a lu une lettre du général Pajol au ministre; il y était dit que, suivant quelques rapports, les dragons avaient tiré sans ordre. M. le général Pajol, entendu comme témoin, a dit que cela résultait en effet des premiers rapports.

M. Crépy-Leprince. Mon rapport a été le premier; c'est moi qui ai porté à l'état-major les premières nouvelles.

M. Delapalme. Nous demandons qu'il soit adressé de nouvelles interpellations au témoin Michel, qui a été entendu hier. Je vois, d'après l'instruction écrite, qu'une partie de sa déclaration, relative à l'accusé Fourcade, a besoin d'être complétée.

M. Michel. Dans les premiers jours du mois d'août, j'ai rencontré dans la rue du Temple Fourcade, qui m'a dit: Me connaissez-vous? — Non. — Cependant c'est vous qui m'avez fait arrêter dans la journée du 6 juin. — Je lui ai répondu: Il le fallait bien, vous m'aviez compromis en apportant chez moi des fusils qui avaient servi à faire feu sur la troupe. Fourcade répliqua: Vous avez fait comme tant d'autres qui avaient l'air d'être pour nous dans la matinée du 6, et qui le soir ont changé d'opinion. Je n'ai pas changé, lui ai-je répondu, car je vous avais dit dès le matin: Que prétendez-vous faire avec votre république? vous fera t-elle tomber du ciel des allouettes toutes rôties?

Un débat très-animé s'élève entre Fourcade et le témoin. Fourcade, qui est sourd, parle avec beaucoup de véhémence.

M. Michel. s'nterrompant tout-à-coup, et désignant le second banc des avocats, s'écrie: Monsieur le président, on vient de m'insulter; j'ai entendu derrière ces messieurs le mot d'espion.

M. Marie. Une pareille injure ne peut sortir des rangs du barreau.

M. Michel. Je ne dis pas que cela vient du barreau, mais d'une personne placée derrière ces messieurs.

M. Trinité. Vous désignez le second rang, qui n'est occupé que par des avocats. Le reproche s'adresse à nous tous; il faut désigner la personne.

M. Michel. Je ne puis désigner personne, mais je demande que l'on me fasse justice.

M. Pitoye. Placé au premier rang, et par conséquent plus près du second rang que le témoin, je déclare n'avoir rien entendu.

M. Michel. Je demande que ma conduite soit examinée.

M. le président. C'est inutile; la cour n'a point entendu le propos.

M. michel. Je me suis battu pour mon pays dès l'âge de quinze ans et demi. J'ai présenté ma poitrine aux Prussiens; beaucoup de gens qui sont allés aux émeutes ne pourraient pas en dire autant.

L'audience est levée à trois heures et demie, et renvoyée au lendemain matin pour entendre le réquisitoire de M. Delapalme, avocat-général.

EN RÉVOLUTION ON SE BAT, ON NE SE JUGE PAS.

(LE TEMPS.)

On a dit, il y a déjà long-temps : *En révolution on se bat, et on ne se juge pas.* Ce principe, qu'on ne paraît plus vouloir admettre aujourd'hui, repose cependant sur une pensée toute morale. Quand après s'être battu on se juge, il ne peut y avoir pour accusés que des vaincus, pour accusateurs, pour témoins et pour juges que des vainqueurs. Or, entre vainqueurs et vaincus la justice est-elle bien possible ?

De deux choses l'une : ou le vainqueur, accusateur. témoin, ou juge, cédera à un sentiment de générosité bien naturel à un homme de cœur; ou bien, à peine sorti d'une lutte dans laquelle les passions politiques auront été mises en jeu, tout ému encore des dangers qu'il aura courus, il subira malgré lui l'influence d'une pensée haineuse : dans les deux hypothèses la justice disparaît.

Après les journées de vendémiaire, qui furent autre chose que nos journées de juin, on sentit qu'il est toujours fâcheux d'éterniser les haines en appelant pendant plusieurs mois les vaincus au tribunal des vainqueurs. Trois conseils de guerre furent organisés; les coupables étaient nombreux et bien connus. Il y en eut deux condamnés et exécutés; les autres, jugés par contumace, se promenaient en plein jour dans Paris, et la nuit répondaient au *qui vive* des sentinelles *un tel, coutumace.* Les deux condamnations exécutées le furent pour ainsi dire à la sortie du combat. Aujourd'hui nous sommes à cinq mois des événemens de juin. Depuis cinq mois on a prodigué tout le luxe de notre Code pénal : peine de mort, travaux forcés, la réclusion et l'emprisonnement. Et on appelle cela faire justice, comme si on pouvait être juste en jugeant ses adversaires.

Ce que nous disons là n'a rien qui doive blesser personne. Parce qu'on siége à un tribunal, parce qu'on est avocat-général ou témoin, cesse-t-on d'être homme? peut-on dépouiller les faiblesses, les passions de l'humanité? On dépose de bonne foi, on accuse, on juge en conscience, et l'on s'apercevra plus tard que l'on n'a fait que continuer le combat.

Voyez ce qui se passe à la cour d'assises de Paris : des accusés sont en présence de douze jurés, de douze honorables citoyens qu'aucun de nous n'aurait la pensée de récuser; et cependant nous en voyons un offrir à l'accusation deux témoins qu'elle a oublié de citer; un autre qui, par ces mots : *C'est une erreur*, oppose son propre témoignage à celui d'un témoin assermenté. Un autre enfin, qui, sans y réfléchir sans doute, demande à un témoin ce qu'il a fait le 6 juin pour concourir au rétablissement de l'ordre, et semble chercher par là à rendre suspect de partialité, de complicité en quelque sorte, un témoignage favorable aux accusés.

Tout cela est parfaitement naturel, les jurés sont des hommes. Aussi, nous le répéterons, *en révolution on se bat*, *et on ne se juge pas.*

Voilà pourquoi nous avons demandé et nous ne cesserons de demander une amnistie, promise, ajournée et puis enfin oubliée!

(Courrier français.)

Aujourd'hui ont été terminées les dépositions des témoins dans le procès qui occupe depuis six jours la cour d'assises. La partie la plus hideuse des dissensions civiles, c'est ce cortège de poursuites, de procédures par lesquelles le plus fort signale sa victoire, croyant sans doute l'affermir; ce sont ces rigueurs invoquées à froid, quand la colère est passée et que la passion s'éteint. Voilà deux mois que nous voyons demander des peines capitales, qui ne peuvent ni réparer les malheurs consommés, ni en prévenir de nouveaux. Une longue série de procès du même genre nous est encore réservée. Parmi les hommes qui nous gouvernent, il n'y en a pas un qui ait le cœur assez haut placé pour comprendre que quand le pouvoir a à lutter contre l'exaltation politique ce n'est pas par des vengeances qu'il peut la désarmer, et qu'entre l'égarement et la perversité la distance est grande. Les débats entamés depuis quelques jours sont tristes, ils rouvrent des plaies encore saignantes, ils nous montrent, surgissant du sein de la guerre civile. des courages qui eussent pu être utiles à la patrie : ils réveillent des inimitiés qu'il eût mieux valu laisser s'effacer. C'est avec peine qu'on a vu des jurés céder à des impulsions dont ils ne peuvent être exempts comme hommes, mais que leur position leur prescrivait de maîtriser. Cependant nous avions passé sous silence ces déplorables incidens, ne voulant pas qu'on nous reprochât de faire entendre les accens de la passion, quand la justice allait prononcer. Le ministère n'a point imité cette réserve; il lui a paru que ce n'était point assez de l'acte d'accusation, des témoins à décharge, de l'éloquence du ministère public pour rendre dangereuse la position des accusés; il a fallu qu'il fit entendre du dehors la voix de la haine, les instigations de la vengeance. Un moyen de défense a été adopté par les avocats des accusés, confirmé par les dépositions d'un grand nombre de témoins; il s'agissait d'établir, non pas que la force armée avait pris l'iniative des hostilités, mais que telle avait été, telle avait dû être la croyance des accusés. Eh bien ! l'on a craint que ce moyen ne trouvât accès dans la conscience des jurés; on se hâte de le combattre comme si l'avocat-général n'avait pas déjà rempli cette tâche; on essaie de briser entre les mains des accusés la branche à laquelle ils s'attachent; on répète des accusations à l'appui desquelles on n'a pu apporter aucun indice dans les procès déjà vidés; on renouvelle ces imputations de complot prémédité démenties par les débats même; on ne craint pas de désigner implicitement comme complices ou fauteurs de ce complot les témoins qui sont venus loyablement déposer ce qu'ils savaient, et qui n'ont pas chargé les accusés parce qu'ils n'avaient rien à dire contre eux.

Voilà comme on respecte le droit de la défense, la liberté des témoins, l'indépendance des jurés! Si la déposition des officiers de dragons a détruit, comme on le dit, le moyen invoqué par les accusés, les jurés ne sont-ils pas capables d'apprécier ces dépositions; et faut-il qu'on vienne du dehors leur enjoindre d'y trouver des motifs péremptoires de condamnation? Le ministère doctrinaire se plaignait hier dans ce même journal qu'on l'accusât de penchant à la vengeance, et voilà que son organe foule aux pieds toutes les convenances, tous les sentimens d'humanité devant lesquels la haine même s'arrête; il oublie ce qu'il y a de sacré dans la position d'un accusé placé sous une accusation capitale; il cherche à exciter dans le cœur des jurés des sentimens de colère; il appelle à l'aide de l'acte d'accusation tous les ressentimens qu'avait excités une crédulité irréfléchie, toutes les passions qu'avait allumées le combat. Poursuivre ainsi des accusés, qu'est-ce, sinon demander leurs têtes? Sous le ministère Périer du moins, on laissait les accusés se débattre devant leurs juges; le ministère public ne trouvait pas d'auxiliaires dans la presse ministérielle; c'était une souillure réservée à notre époque. Nous mettons sous les yeux de nos lecteurs ces lignes odieuses que nous livrons à l'appréciation de tous les partis sans distinction :

« C'est pourtant une fable aussi absurde que la défense a cru nécessaire de ressusciter et de faire comparaitre devant la cour. Quelques témoins ont été appelés, qui ont déclaré que le jour du convoi du général Lamarque *ils avaient entendu dire* que les dragons avaient chargé les premiers. Pour qui se donne la peine de réfléchir, cela n'était pas fort surprenant, puisque, nous le répétons, la tactique des insurgés consistait précisément à répandre ce bruit. Mais enfin, il était bon que la vérité fût encore une fois publiquement rétablie : elle l'a été, et nous ne saurions trop appeler l'attention de nos lecteurs sur les dépositions du chef d'escadron Desolliers, des capitaines Grand et Bricqueville. Ces dépositions ont prouvé qu'il y avait eu de la part de la force publique non-seulement modération, mais patience courageuse et au-dessus de tout éloge. Elles ont prouvé que l'insurrection de juin, préparée et combinée d'avance, avait partout pris l'initiative, partout porté, sans provocation, la guerre et le meurtre dans Paris. Elles ont prouvé enfin que toutes les instructions du gouvernement dans cette déplorable affaire tendaient à éviter le sanglant conflit qu'il a malheureusement été impossible d'empêcher.

« Maintenant nous verrons ce que les journaux de l'opposition diront de cette séance, et comment ils la dénatureront à leur profit. Il paraît que la chose leur a paru difficile, et qu'ils ont eu besoin d'un jour pour y réfléchir. A demain donc les commentaires, à demain les insinuations et les interprétations. Il y a pourtant un autre parti à prendre, c'est de se taire. Nous ne serions pas fort surpris qu'après mûre délibération, les journaux ne se tirassent ainsi d'embarras. »

Les journaux de l'opposition ne répondront à cette joie féroce qu'en exprimant leur profonde indignation, qu'en disant que jamais le mépris de la justice, de l'humanité n'a été poussé plus loin, et qu'un pouvoir qui ne désavouerait pas toute solidarité dans de tels sentimens, se placerait au niveau de ceux qui ont souillé, par des traces sanglantes, les pages de notre histoire.

A M. le Rédacteur du Courrier Français.

Paris, 29 octobre 1832.

Monsieur,

Je viens de lire, dans le compte que vous rendez aujourd'hui des débats de la cour d'assises, la déposition de M. le capitaine de dragons de Bricqueville. Ce n'est pas sans surprise que j'y ai remarqué le passage suivant: « On m'a dit qu'étant tombé de cheval, « on avait tiré au commandant Chollet deux coups de pistolet dans « le ventre. »

M. de Bricqueville n'affirme pas, il a entendu dire. Hé bien! Monsieur, *j'affirme*, *j'ai vu.* Le commandant Chollet est tombé un peu en avant du grenier d'abondance. Lancé au grand galop à la suite de soixante à quatrevingts dragons qui se dirigeaient ventre à terre de la place de la Bastille vers le pont d'Austerlitz, le cheval de M. Chollet se trouvait à vingt pas environ du reste de la troupe. Le commandant était tête nue et paraissait blessé; lorsqu'il tomba, deux ou trois gardes nationaux, un élève de l'école et moi, qui nous trouvions rangés le long des maisons, nous courûmes aussitôt vers lui, le prîmes dans nos bras, et le portâmes dans uue petite boutique (de cordonnier, je crois,) qui est en face du canal.

Voilà, Monsieur, toute la vérité. Loin d'avoir, lors de sa chûte, été victime d'un acte atroce, le commandant Chollet a trouvé dans les citoyens qui en ont été témoins, tous les soins que réclamait sa malheurense position.

Veuillez, mousieur, avoir l'obligeance d'insérer cette réclamation dans votre plus prochain numéro, et agréer l'expression de la considération distinguée avec laquelle j'ai l'honneur d'être, etc.

ACHILLE DE VAULABELLE,
Rue de la Michodière, n. 3.

SEPTIÈME AUDIENCE. (29 OCTOBRE.)

A dix heures la cour entre en séance. M. Dufour, décoré de Juillet, témoin, est appelé. « J'étais au convoi, en uniforme de garde national, je vis un jeune homme couvert de sang, ayant la tête entourée d'un mouchoir blanc, et qu'on présenta à M. Lafayette. Des cris provocateurs étaient proférés de divers endroits du convoi. A ce moment d'effervescence un haquet passa, on le renversa pour faire une barricade; on criait: *Vengeance! vengeance!* Les dragons arrivaient au pas; un instant après, une personne se disant membre de la chambre des députés, engagea ces personnes qui fuyaient à se rassembler, en criant: « Mes amis, brisons le joug de l'esclavage, défendons-nous. » La foule le dépassa bientôt, et tira sur les dragons. On disait qu'on agissait au nom du gouvernement provisoire... dont le général.... Lafayette... dans une voiture.... devait être.... à l'Hôtel-de-Ville.

Le témoin fait une longue pause, puis il continue. « J'engageai M. Desolliers à remettre son sabre dans son fourreau, disant... lui disant.... que c'était le parti le plus sage; mais les exigences étaient plus grandes.... Un monsieur, un chef d'escadron, monsieur.... Non, non, un chef de bataillon, M. Soubeireau, un député et moi, nous nous plaçâmes entre les dragons et le peuple.... Je présentai ma poitrine, en disant aux insurgés: « Voyez ma croix, tirez sur moi.... » Ils n'eurent aucun égard à mes prières; on me dit que j'étais un carliste, on me coucha en joue: à ce moment M. Devauchelle vint à mon secours et me sauva la vie; j'ai été accablé de coups... Cependant on criait partout que les dragons avaient chargé sans provocation aucune; j'allai même au *Constutionnel* pour détruire ces faux bruits.

M. le président. Lorsque, par votre courageuse intervention, vous vous interposâtes entre les insurgés et les dragons. n'entendîtes-vous pas des détonnations dans la rue de Sully?

Le témoin. Non, Monsieur.

M. Delapalme. Au nom de qui sommait-on les dragons de se rendre? R, Au nom du gouvernement provisoire, à la tête duquel on disait qu'était M. le général Lafayette, qui devait être alors, à ce qu'on disait, à l'Hôtel-de-Ville.

M. le président. Avant que la parole soit au ministère public, je préviens les accusés et leurs défenseurs qu'aux questions de tentatives d'attentats, telles qu'elles sont rédigées par l'arrêt de renvoi, nous avons ajouté, conformément à la jurisprudence de la cour de cassation, les circonstances qui constituent la tentative d'après le droit commun.

Je les préviens également, quant aux questions d'attentats, que nous avons ajouté celles de savoir si ces attentats auraient eu pour but d'exciter la guerre civile, en portant les citoyens à s'armer les uns contre les autres.

La parole est à *M. Delapalme*, *avocat-général;* il commence en ces termes:

« Les évènemens des 5 et 6 juin sont jugés par le pays, ils sont jugés depuis long-temps; ils le furent le jour où tous les citoyens, soldats, gardes nationaux, se réunirent, pressèrent leurs rangs et jurèrent qu'ils resteraient unis, malgré les vœux coupables qu'on faisait pour les diviser; ils le furent le jour où tous ensemble, sous le même drapeau, jurèrent de soutenir l'édifice des lois, que l'on s'efforçait de renverser. Nous n'en parlerons donc pas, Messieurs, ou plutôt nous n'en retracerons ici que ce qui sera nécessaire pour décider les nombreuses questions sur lesquelles la cour vous appellera à prononcer.

« Ces évènemens, Messieurs, furent-ils le résultat de quelques causes accidentelles, de quelques irritations passagères, ou bien avaient-ils été préparés, avaient-ils été médités à l'avance? y avait-il des hommes qui avaient dit : A tel jour, à tel heure, nous prendrons les armes, nous marcherons contre l'ordre public, contre les lois; nous nous efforcerons de les renverser dans le sang de nos concitoyens? Sur ce point, les débats ont jeté plus d'une lumière. Sans doute, Messieurs, pour beaucoup de ces hommes coupables, entraînés, les hommes des 5 et 6 juin eurent une cause accidentelle, momentanée; pour d'autres, ils avaient été médités et préparés.

« Ainsi vous avez appris que, bien avant cette époque, on s'était efforcé d'exciter des mécontentemens et de jeter des germes d'irritation au sein des populations.

« Vous avez appris qu'on s'était adressé à tous ceux qu'on espérait pouvoir entraîner par des mécontentemens, aux ouvriers qui manquaient de travail, aux décorés de Juillet, dans lesquels on pouvait penser qu'on trouverait des dispositions favorables, et qu'on les avait excités à marcher contre le gouvernement.

« Vous avez appris qu'il existait des sociétés au sein desquelles on les avait comme affiliés et comme enrégimentés, au sein desquelles on les avait divisés par centuries et décuries. Vous avez appris qu'à l'avance le jour désigné pour les obsèques du général Lamarque avait été fixé comme le jour solennel; qu'on leur avait dit : Marchez à ce convoi, marchez-y, préparez-vous à obéir aux ordres qui vous seront donnés, aux signaux qui vous seront faits! Marchez munis de pierres à fusils et d'épinglettes, pour les placer aux armes dont on s'emparera.

« Vous appris qu'on avait à l'avance dévoilé tous les plans qui devaient éclater; vous avez appris qu'on avait dit : « On ira au « boulevart Bourdon; là des discours seront prononcés, là un si- « gnal sera donné, là la république sera proclamée. »

« Vous avez appris qu'en parlant des dispositions qu'on présumait devoir être prises contre ces évènemens, on avait dit qu'on espérait pouvoir compter sur les troupes; que seulement on ne devait pas compter sur les gardes municipaux et sur les dragons; mais qu'on en aurait bientôt fini avec les dragons et les gardes municipaux, et que le succès était certain

« Ces paroles, vous les avez entendu sortir de la bouche de plusieurs témoins ; mais d'autres faits révélés pendant ces débats vous ont fait connaître ces complots formés à l'avance. Vous avez su comment un dépôt considérable de poudre, de cartouches, avait été placé sous le pont d'Austerlitz ; comment, le 5 juin au matin, il avait été transporté au faubourg Saint-Antoine ; et comment enfin, au moment de l'évènemeut, les insurgés avaient été les y chercher. Ce sont là des évènemens, des faits, qui appartiennent à l'histoire, et l'histoire les consignera. »

M. l'avocat-général rappelle ici des bruits accrédités dans Paris, et qui se sont reproduits aux débats. Il établit, avec les dépositions des témoins entendus dans l'audience d'hier, que la provocation n'était pas venue des dragons, mais que ceux-ci n'avaient pas même fait feu, et avaient essuyé avec une rare magnanimité les attaques, les coups de feu dirigés contre eux depuis le moment où ils étaient sortis de leur caserne jusqu'à celui où ils étaient arrivés au pont d'Austerlitz. Il rappelle ensuite les premiers faits qui eurent lieu rue Saint-Méry ; l'apparition de ce prétendu général soutenu par une béquille, et criant aux armes ; l'érection des barricades, l'arrivée sur les lieux d'hommes armés de piques et de fusils. Il rappelle ces nombreux coups de feu tirés à l'abri des barricades et des fenêtres sur la ligne, la garde municipale et la garde nationale. Il rappelle les atroces applaudissemens accueillant et proclamant au loin la mort de chaque victime.

M. l'avocat-général retrace les faits déposés par M. le colonel de la 4e légion, ses exhortations à ses officiers et aux gardes nationaux placés sous ses ordres, l'engagement pris par tous d'aborder les barricades et les révoltés l'arme au bras, et la mort du brave adjudant-major Bellier. « Bellier, dit-il, était un vétéran de nos armées. Il avait combattu en Egypte ; les balles ennemies l'avaient respecté : une main timide, cachée derrière une persienne, lui donna la mort. Mais, en tombant sous les coups d'un assassin, Bellier n'est pas tombé sans gloire ; il s'était long-temps battu avec honneur contre les ennemis de son pays. Il est tombé victime de son dévouement aux lois de son pays : l'histoire conservera le nom de l'adjudant-major Bellier.

M. Delapalme examine et discute les différens chefs d'accusation ; il soutientqu'un attentat tendant à renverser le gouvernement et à exciter la guerre civile a existé, et que l'on voulait parvenir à la république. « Oui, dit ce magistrat, dans nos sanglantes annales souvent s'est présenté ce nom, souvent il nous a épouvantés ; au mois de juin, le sang versé devait en être l'aurore, un témoin en a déposé ; ce sang de nos concitoyens *devait être l'aurore d'un beau jour*; ainsi pour elle le soutien de cent familles succombe; Bellier, ce vieux soldat, succombe; c'est l'aurore d'un beau jour, et sur ces cadavres on crie : *Vive la république*! »

M. l'avocat-genéral parcourt successivement les chefs concernant les tentatives d'attentats, l'existence de bandes armées, et ceux de pillage par bandes armées et à force ouverte. Sur cette dernière question, encore bien qu'il y ait des faits généraux de pillage constatés, le ministère public pense qu'on ne peut les établir à la charge des accusés, à l'exception toutefois de Fourcade et de Grimbert, contre lesquels pèsent des accusations spéciales.

Le ministère public entre ici dans l'examen des faits spéciaux; il s'occupe d'abord du débat concernant Rossignol, Fournier et la demoiselle Alexandre. « Est-il bien vrai, dit le ministère public à l'égard de cette accusée, qu'une femme se soit mêlée à ces attentats; qu'elle ait applaudi au meurtre des gardes nationaux; qu'on l'ait vue, ayant un journal à la main, manifestant sa joie quand une victime tombait sous les coups des assassins? Simon, M. Tavaut et Mme Tavaut, en ont déposé; telle est aussi la déclaration des témoins Compar et Dumont, et il n'est que trop vrai que cette accusée a participé aux faits de la révolte. »

Quant à l'accusé Jeanne, M. l'avocat-général rappelle ses aveux constans; il examine ensuite son système, et se demande s'il peut espérer de faire prévaloir le singulier système de provocation qu'il a voulu produire. En vain soutiendrait-il qu'il n'a pris les armes et n'a tiré que pour venger des gardes nationaux : quand le 6 juin il a vu que les gardes nationaux n'étaient pas pour lui, il a tiré sur la garde nationale. En vain cet accusé espère-t-il se mettre à l'abri derrière le prestige du courage dont il s'est entouré; non, dit M. l'avocat-général, il n'y a pas de courage pour celui qui tue à l'affût des gardes nationaux, et qui les tue comme des bêtes sauvages.

M. l'avocat-général parcourt et analyse rapidement toutes les dépositions concernant les accusés saisis soit au n. 30, de la rue St-Martin, soit au n. 48 de la rue Saint-Méry; il termine par l'examen des accusations de pillage portées contre Grimbert et Fourcade, et soutient l'accusation dans toutes ses parties.

Il reconnaît, en terminant, qu'il existe entre les accusés des distinctions à établir. « Il est des hommes, dit-il, dont les passions agissent et fermentent, des hommes qui veulent entraîner les autres dans leur sphère de culpabilité, des hommes qui, parlant de liberté, veulent une liberté à leur manière, et prétendent imposer leur liberté aux autres comme on impose l'esclavage. Ceux-là sont coupables, ceux-là sont de véritables coupables. A côté d'eux se trouvent des hommes faibles, faciles, qui se laissent entraîner, qui deviennent les instrumens souvent trop dociles des passions des autres. Ceux-là, Messieurs, peuvent aussi être dangereux pour la société; contre ceux-là, la société a besoin de répression. Toutefois, pour ceux-là, indulgence; mais sévérité pour ces hommes qui veulent tout troubler, tout bouleverser pour arriver à leur but. Ces hommes, ils parlent d'humanité, de liberté, d'affranchissement des peuples; il semble quelquefois qu'il n'y a qu'eux qui entendent cette liberté et cet affranchissement des peuples. Ce qu'ils veulent, ce qu'ils disent vouloir, nous le voulons tous.

« Nous voulons la liberté, tous nous voulons l'égalité des droits; tous, Messieurs, nous voulons une nation libre, tranquille, cherchant l'amélioration de toutes les classes, allant chercher le pauvre, le soutenant, le relevant, le rapprochant des riches, égalisant les fortunes, plaçant en quelque sorte le niveau sur toutes les têtes. Tous, nous voulons un avenir d'honneur, de grandeur et de gloire, mais nous ne voulons pas y arriver par le sang et l'assassinat; nous voulons y arriver par les lois, par des améliorations successives que nous demandons tous. Ceux qui veulent y arriver par des bouleversemens, ceux qui veulent y arriver en tuant, sont les ennemis du pays, sont des hommes dangerenx: la société demande la répression de leurs crimes. »

La parole est à Me Marie, avocat de Jeanne.

PLAIDOYER DE Me MARIE.

(*Extrait des journaux.*)

Messieurs,

Je viens défendre Jeanne, le chef de la barricade Saint-Méry.

Interrogé devant vous, Jeanne a reconnu tous les faits; il a confessé sa foi politique sans peur, comme sans forfanterie, en homme de cœur et de conviction qui ne s'effraie pas des chances mauvaises, parce que d'avance il les a appréciées à leur juste valeur.

Si en franchissant le seuil de cette enceinte, Jurés, vous êtes restés hommes du monde; je le comprends, ma mission est finie au moment même où elle commence, et je n'ai plus qu'à gémir sur ces guerres désastreuses dans lesquelles le vainqueur n'épargne le vaincu que pour faire de sa mort un spectacle: mais non, en présence de votre serment je me rassure.

M. L'avocat-général a déroulé devant vous de sanglans tableaux; vous en avez été émus, la défense elle-même a partagé vos émotions. Eh bien! soit, versez qnelques larmes encore sur les nobles victimes de ces journées, mais hâtez-vous!.... Il est un moment solennel où la voix des passions doit s'éteindre, c'est lorsqu'un homme, courbé sous une accusation capitale, se trouve placé entre l'homme et Dieu. Il semble alors que la justice divine doive jeter quelques uns de ses reflets sur la justice de la terre. Élevez-vous donc Messieurs, car si l'accusation est prophétique Jeanne touche à ce moment.

J'ai compté sur vous, sur votre fermeté et aussi sur ces idées élevées et pures dont vous a doté une civilisation progressive. Vous m'écouterez, car la justice d'aujourd'hui, à l'exemple de la justice d'autrefois, ne se prostituera point en esclave devant la volonté du vainqueur. Vous m'écouterez, car je ne viens point, plaçant la révolte sur un piédestal, la proclamer respectable et sainte.

Cet homme, ce Jeanne, dont l'ardeur guerrière et emportée s'est, vous l'a dit un témoin, arrêtée compâtissante et respectueuse, pour ne pas troubler le repos d'un mourant; il n'est pas, vous le comprenez, un misérable assassin.... une pensée, une conviction a éclairé son intelligence, dominé sa volonté, dirigé son bras. Eh bien! cette pensée, cette conviction vous la rechercherez avec moi; elle plane sur la cause, elle vous dira sous l'influence de quelles idées Jeanne a combattu. S'il n'a pas renié ses actes, il a droit aussi de demander compte aux autres des fautes qui l'ont entraîné.

Le ministère public, dans les considérations générales qu'il a cru devoir placer en tête de son réquisitoire, a parlé de *conspirations* et *d'anarchie*; il importe avant tout de s'expliquer et de débarrasser la cause de ce qui lui est étranger.

Des conspirations! Vous avez suivi les débats, une foule de témoins ont été entendus : est-il résulté de cette vaste enquête, je ne dirai pas la preuve, mais l'indice d'un complot? Non. Deux témoins seulement ont parlé de je ne sais quelle association divisée en décuries et en centuries; mais il a été reconnu que cette association, en supposant son existence, n'avait aucun rapport avec les accusés. Et pourtant, c'est en s'appuyant sur ces témoignages, que personne n'a discutés parce qu'ils ne méritaient pas de l'être, que M. l'avocat-général a ressuscité devant vous le fantôme d'un nouveau carbonarisme avec ses vastes ramifications, ses comités-directeurs, ses chefs invisibles. Vains efforts! en ne relevant pas devant la cour le crime de complot, l'accusation avait d'avance reconnu son impuissance à l'établir; les débats publics ne lui ont pas fourni de nouvelles armes. Non, on ne conspire plus; le néant des conspirations a été constaté par la révolution de juillet qui n'a pas dû son succès à un complot. Le carbonisme lui-même, si formidable sous la restauration, n'a été pourtant, on le sait, qu'un instrument débile; il est resté à jamais enseveli sous les décombres de Juillet.

On parle d'*anarchie*, à cet égard il faut s'entendre. Au tableau rembruni esquissé par M. l'avocat-général j'opposerai un tableau historique et plus vrai. Je ne m'écarte pas du procès, car vous trouverez, Messieurs, dans ce tableau une des causes générales de l'irritation qui a produit les barricades et, par conséquent, une sorte de provocation morale.

Un jour a existé, et ce jour vous vous le rappelez, où la discorde semblait avoir fui pour jamais. Une ancienne dynastie tombait, l'autorité était brisée, l'association elle-même détruite; tout était remis en question, et cependant une harmonie prodigieuse rassemblait dans une unité toute de raison l'immense collection d'hommes épars sur le sol.

Il s'agissait alors de la succession au trône. D'ordinaire ces faits surgissent et se posent au milieu du sang et des larmes; eh bien! tout fut calme. La société désorganisée, peu à peu replacée sur sa base, les rouages marchèrent selon leurs lois; Louis-Philippe et Lafayette, c'est-à-dire le monarque et le peuple, purent inscrire sur le drapeau tricolore, gage de la nouvelle alliance entre la république et la monarchie, cette belle devise: *liberté, ordre public*.

Le peuple, ce peuple d'aujourd'hui, tant flatté, tant calomnié aussi, bourdonnait dans les rues, il y était armé, victorieux, souverain.... comment donc s'est-il tout-à-coup arrêté et calmé devant sa victoire? Comment! c'est qu'en prenant les armes il avait voulu seulement prouver qu'au sein des sociétés il compte aujourd'hui pour quelque chose. Cette preuve faite, des promesses solennelles obtenues, il se retira tout fier de sa victoire, confiant dans un avenir si brillant à son aurore: il regagna ses ateliers; et s'il en sortait par intervalles, c'était pour poser sur la main royale sa main fidèle et reconnaissante.

Il s'agite aujourd'hui! Pourquoi? Je pourrais ici, Messieurs, entrer dans quelques détails politiques; c'est mon droit, c'est mon devoir peut-être; cependant je veux les écarter, ils retentiront sans doute à une tribune plus élevée. Pour moi je ne veux relever qu'un fait.

Après la révolution de juillet, les libéraux de la restauration se sont divisés. Il semblerait, aux yeux d'un parti, que ceux qui ont persisté dans leurs doctrines et dans leurs convictions sont des anarchistes, et que ceux-là seuls sont fidèles et dévoués au pays qui restent intimement unis au gouvernement. Ne vous y méprenez pas, Messieurs, parmi les libéraux carbonari il y en eut qui conspiraient comme les grands seigneurs de la fronde, pour des gouvernemens, des honneurs et des places; pour ceux-là la révolution est complète. D'autres voyaient de plus haut et plus loin, pour eux le combat dure encore.

D'un autre côté, ces hommes ont mis en mouvement une classe du peuple en lui parlant sans cesse de ses droits, de liberté et d'égalité. Ils ne semaient, eux, que de grands mots, mais cette semence est tombée sur un terrain fertile.

Entre la bourgeoisie et les derniers rangs de la société se place en effet, Messieurs, une classe industrieuse, intelligente, active, et qui chaque jour marche d'un pas plus ferme à l'initiation politique. Elle court à la conquête de la monarchie républicaine, comme vos pères couraient à la conquête de la monarchie constitutionnelle. Arrêtés dans leur course, ils ont vaincu l'obstacle.

Pour se débarrasser de cette force, on la nie, on la dédaigne du moins; il semble que l'on veuille, à l'aide de je ne sais quelles distinctions de prolétaires et de propriétaires, reconstruire cette spirale immense, dont parle le poète, du haut de laquelle le trône puisse voir, sans s'en inquiéter, s'agiter les masses mécontentes.

Messieurs! c'est en voulant s'élever trop au-dessus de la terre qu'un jour le trône de Charles X s'est perdu au milieu des orages!...

Veuillez bien y réfléchir, c'est dans ce fait social que se trouve le principe funeste de nos divisions politiques. Les esprits déjà mécontens s'irritèrent le jour où un député, montant à la tribune nationale, nia le contrat de l'Hôtel-de-Ville dont M. l'avocat-général a rappelé le souvenir. Le peuple n'avait pas son *double*, il ne put en réclamer l'exécution; mais depuis l'opposition a marché; de jour en jour elle a grandi; elle grandit encore surtout depuis le dernier ministère.

L'union une fois rompue, chaque dissident a dû manifester son opinion selon son caractère, son organisation et ses idées. Les sages ont fait une opposition toute intellectuelle; ils savent que la force n'est pas un argument. D'autres, et notamment les hommes qui, comme Jeanne, appartiennent à cette classe injustement délaissée dont je vous parlais il n'y a qu'un instant, ont continué le système de force auquel on avait tant de fois et imprudemment applaudi; et, dans ce système, l'effet a trop souvent calomnié la cause.

Tel était, Messieurs, l'état des esprits quand survinrent deux évènemens qui me paraissent avoir résumé les opinions divergentes, les avoir mises en présence et avoir été le principe d'une lutte violente : je veux parler de la mort de Casimir Périer et de la mort de Lamarque.

Ici se place le procès. Et comme Jeanne y joue le principal rôle, avant tout, il importe que je vous le fasse connaître :

Jeanne a trente-deux ans, c'est un de ces prolétaires oubliés au sein d'une société qui connaît mal ses forces, puisqu'elle en laisse une partie inerte et improductive. Son organisation, vous la connaissez, elle est ardente et nerveuse; elle s'irrite devant les petits obstacles, elle s'élève et se calme devant une colonne armée; pour regarder son ennemi avec sang froid, Jeanne a besoin de l'estimer.

Son intelligence s'est ouverte au lycée impérial de Caen; mais il ne reçut là qu'une éducation incomplète. L'instruction ne se donne pas en France, et Jeanne est pauvre. Malheur pour lui ! car, s'il eût été plus favorisé de la fortune, l'étude en l'adoucissant aurait dompté son organisation ; il aurait appris par la réflexion qu'avant de frapper il faut convaincre ; en juillet, les portes s'ouvraient devant lui, elles se fermaient en juin, c'était une haute leçon ; il aurait compris qu'il ne trouvait plus cette sympathie profonde qui ennoblit l'insurrection en lui donnant la victoire.

A quatorze ans, Jeanne a quitté le collége ; il s'engage alors comme volontaire dans les armées de l'empire. Il est licencié sur la Loire. Plus tard, en 1823, il reprend la carrière des armes, cette carrière convenait à son activité brulante. Mais l'adversité a frappé ses parens, il revient près d'eux et il va joindre ses travaux aux travaux de son vieux père. Le jour est tout entier à la fatigue, et le soir il vient s'asseoir au foyer de famille. Lui ! Jeanne ! cet homme si fier, si ardent ! il se prête, en enfant, aux caresses de sa mère.... Sa mère ! elle lui donnait les conseils d'une ame éloquente, elle adoucissait sa vie, elle calmait ses passions.... Ah ! que ne puis-je vous la faire connaître.... elle pleure maintenant, oui, elle pleure, mais du moins elle n'a point à rougir... elle pleure sur elle ; car elle perdra peut-être avant le temps ce fils qu'elle a tant aimé !..

Ainsi Jeanne passait sa vie.

Un matin, un bruit sinistre se répand dans Paris ; la constitution est violée ! ! Jeanne se dresse, saisit ses armes. Il combat le 28, à la porte Saint-Martin, à la Grève, à l'arcade Saint-Jean où il est blessé d'un éclat de mitraille. Il charge ailleurs les Suisses à la baïonnette et est encore frappé. Le 29, malgré les blessures de la veille, il est au Louvre ; après la prise du monument, il marche sur les Tuileries, sa valeur l'a nommé commandant ; il se précipite sur la garde royale, il voit de près l'ennemi, car il reçoit un coup de sabre. Les Tuileries emportées, il court à la rue de Rohan ; un feu terrible y est engagé ; Jeanne se mêle aux assaillans ; les maisons vont être escaladées, et le peuple furieux menace de massacrer les gardes royaux qui s'y sont enfermés ; Jeanne s'élance, se place entre les baïonnettes de ses frères d'armes et les vaincus, et devant ce noble cœur la fureur s'éteint, les armes s'abaissent, et vingt-trois hommes sont ainsi protégés et sauvés !...

Jeanne épuisé de fatigue, couvert de sang, tombe évanoui ; on le transporte à la Bourse : revenu à lui, il veut ressaisir ses armes, et, pour vaincre sa volonté, le médecin de l'ambulance est forcé de le mettre de garde auprès d'un canon.

Voilà l'homme dont tout à l'heure M. l'avocat-général contestait l'humanité et le courage.

Son humanité ! il en a déjà donné des preuves, il en donnera encore. En décembre, lors du procès des ex-ministres, une émeute trouble Paris. Quel en est le but? Massacrer des hommes après la victoire. Jeanne court à leur défense; il est souffrant encore, il tient son bras en écharpe; pour marcher il a besoin de l'appuyer sur une béquille; n'importe, il se rend à sa compagnie et concourt au rétablissement de l'ordre. Les certificats de ses chefs l'attestent.

Maintenant, Messieurs, Jeanne vous est connu. Eh bien! placez cet homme au milieu des divisions politiques que j'ai signalées, sous l'influence de ces idées de progrès qui agitent toute la classe à laquelle il appartient, et puis jetez-le au milieu des événemens qui se sont passés. Je vous en ai signalé deux, qui, je vous le répète, mirent en présence des opinions irritables et irritées; étudiez-les. Et le jour va paraître sur cette grande accusation jusqu'ici si mystérieuse et si obscure.

Casimir Périer meurt, avec lui disparaissait son système. Les partisans de ce système ne le laissèrent point abattre, ils espérèrent qu'à l'aide d'une politique adroite, il pourrait renaître des cendres refroidies du ministre, comme jadis Marius sortit tout armé de la poussière des Gracches. Des obsèques pompeuses furent donc ordonnées, et autour de ces débris éternellement veufs d'une intelligence forte et élevée vinrent se grouper, en grand nombre, des spéculateurs politiques et, il faut le dire, aussi des hommes dont l'opinion était consciencieuse et respectable. L'avenir le dira, ce fut là sans doute une magnifique avance faite à la mort; mais la mort n'y a point répondu. Et pourtant, entendez-vous encore, Messieurs, les cris de victoire du lendemain.

Ce que l'on supporte le plus impatiemment, c'est le charlatanisme politique. Sans doute un grand concours d'hommes s'était pressé au convoi ordonné par l'autorité; mais proclamer qu'il y avait là une majorité imposante en faveur du système du 13 mars, c'était proclamer un mensonge politique, l'opinion dissidente devait s'en irriter; elle s'en irrita.

Toute action vive et blessante appelle une réaction. Lamarque mourut, l'occasion fut saisie.

Reconnaissons-le, Messieurs, avec franchise. Les obsèques de Lamarque ne furent pas seulement un hommage rendu au grand général, à l'illustre citoyen; on voulut opposer une manifestation politique à une manifestation politique, on prétendit en appeler à la France mieux informée, des chants de victoire qui retentissaient encore.

Alors, vous vous en souvenez, nous étions tout émerveillés au récit de ces promenades populaires qui électrisaient l'Angleterre et imposaient la réforme; nous admirions l'attitude imposante et ferme de ces quelques cent mille hommes parcourant les rues de Londres. Nous sommes imitateurs, et d'avance nous calculions avec bonheur l'effet d'une manifestation semblable sur la direction du gouvernement. Imprudens! nous avions oublié que si la démocratie est quelquefois calme et noble en Angleterre, elle se ressent toujours chez nous de l'esprit turbulent de la démocratie antique.

Vous ne l'avez pas oublié. Au lieu de chercher à calmer les esprits déjà si agités, l'autorité les irrita encore par des soupçons injurieux; d'avance les journaux proclamèrent le scandale, et le jour marqué pour le convoi la malveillance était prête, les ennemis étaient à leur poste.

Suivons le convoi :

Je ne vous parlerai pas des taquineries mesquines de la place Vendôme, du refus de rendre à Lamarque les honneurs militaires; je ne m'arrêterai point aux scènes des boulevarts, je suis pressé d'arriver à la Bastille.

Les derniers adieux au général étaient à peine prononcés qu'un escadron de dragons se montre sur le quai et sur le boulevart Bourdon. Ce fait matériellement démontré soulève une grave question : Les dragons ont-ils ou non chargé sans provocation sur une foule inoffensive?

A cet égard j'exprimerai une opinion franche et consciencieuse. Avant de commencer le procès que vous avez à juger, il eût été digne de la justice et de l'autorité de provoquer une enquête générale; de mettre en lumière toutes les circonstances successives du convoi; les journaux l'ont souvent demandé, mais leur demande venait de l'opposition, par système elle ne fut point écoutée. Jusque là cependant les juges ne peuvent qu'imparfaitement apercevoir la vérité. C'est là ma pensée et en la manifestant je suis sûr de trouver dans M. l'avocat-général lui-même accord et sympathie.

L'espèce d'enquête tentée au milieu de ce débat n'a point été contredite par la défense, elle ne pouvait pas l'être.....

M. le président. Je vous demande pardon de vous interrompre, mais c'est vous qui avez provoqué cette enquête; c'est sur votre demande que j'ai adressé aux témoins des questions que je ne voulais point poser d'office.

M. Marie. Lorsque le débat s'est engagé sur les faits du pont d'Austerlitz la défense a aussitôt déclaré qu'elle refusait de débattre la question de provocation directe de la part de la troupe, attendu qu'elle manquait d'élémens pour s'expliquer sur ce point. J'ai le droit de dire que les investigations auxquelles on s'est livré dans cette enceinte n'éclairent rien; elles appartiennent à un pouvoir plus élevé. Quant à présent, rien n'est acquis comme fait positif....

Je me trompe, Messieurs, il y a un fait acquis et c'est celui-là seul qu'il importait à la défense de démontrer. Jamais notre intention n'a été de plaider la provocation directe; mais il s'agissait de déterminer une intention; alors nous avons dit : l'intention peut être bonne ou mauvaise selon les motifs qui l'ont influencée, les circonstances dans lesquelles elle s'est développée : s'il est démontré que, dans le cortège, il y a eu *croyance* à un attaque non provoquée; ceux qui, dominés par cette *croyance* (même erronée) ont pris les armes pour se défendre, sont innocens. Notre intérêt était donc de prouver la croyance consciencieuse à une attaque non provoquée; il n'allait pas au-delà.

Eh bien, je veux accorder à l'accusation que les dragons, en sortant de leur quartier, ont été attaqués; j'admets qu'ils ont perdu plusieurs de leurs chefs, je comprends toute l'irritation de ces militaires; ils n'avaient plus de guide, on s'explique d'autant mieux par conséquent comment ont ils pu mettre moins de prudence dans la charge qu'ils ont exécutée sur le boulevart Bourdon, comment ils se sont précipités *en fourrageurs* sur une foule innocente, pour venger l'attaque sanglante qu'*ailleurs* ils avaient subie. J'admets tous ces faits; mais qu'ils ne détournent pas votre attention! Une seule question doit être agitée, y a-t-il eu sur le boulevart Bourdon une charge exécutée sur une foule inoffensive? une charge telle, que cette foule a dû croire et a cru à une agression brutale et sans motif? Voilà la seule, la véritable question. Or, sur ce point, vous avez entendu une foule de gardes nationaux, amis de l'ordre, puisque le 6 ils ont pris les armes pour le défendre; ils vous ont rendu compte des faits et de l'impression qu'ils en ont ressentie. Les déclarations (pleines de bonne foi sans doute) des trois militaires qui se sont présentés, ne l'emporteront pas sur les déclarations unanimes de citoyens désintéressés. Ils vous l'ont dit : au moment où les dragons s'élancent sur eux, tous, d'un mouvement spontané tirent leurs sabres, et crient : *à la trahison, aux armes, on nous assassine, on assassine la garde nationale!* Plusieurs gardes nationaux ont ajouté même : *si nous avions été armés, nous repoussions la force par la force;* regrets heureusement impuissans! Car un horrible conflit se serait engagé, qui aurait mis en péril peut-être le droit que vous défendez!.....

Il n'y a donc plus de doute, l'exaspération est générale parmi ces citoyens traqués et chargés à coup de sabres; des cris de colère, des cris de mort se font entendre, il semble qu'une horrible guerre civile va éclater.....

Eh bien! de ce volcan embrasé s'échappe une lave brûlante, c'est Jeanne! il bondit, il s'élance; il va s'abattre sur cette barricade Saint-Méry d'où l'accusation voudrait dater son départ vers l'éternité.....

Que s'est-il passé dans l'intérieur de cette barricade? la France le sait, et moi je voudrais jeter un voile épais sur ces scènes de désolation. Un mot cependant: M. l'avocat-général en accusant Jeanne, a voulu vous faire douter de son courage. Singulière position que la mienne! Si je parle de Jeanne avec quelque admiration, n'allez-vous pas croire qu'il y a en moi sympathie pour la révolte? Non, je ne revendiquerai pas pour lui une valeur inutile et funeste, mais je la revendiquerai pour mon pays, pour l'armée, pour la garde nationale: je ne crois pas, moi, que pendant vingt-quatre heures soixante mille braves se soient heurtés impuissans contre des barricades non défendues. Prenez garde, en dégradant le vaincu vous dégradez la victoire.... Du courage! il y en eut trop.

Soit, dira-t-on; mais ce courage fut un crime. Ici, Messieurs, le débat s'engage. Pour en sortir, précisons bien les époques.

Au boulevard Bourdon, les dragons, qu'ils aient été ailleurs provoqués ou non, chargent sur une troupe inoffensive. Cette agression violente appelle la défense, la défense est légitime, ce sentiment est le sentiment général. Jeanne est là, il y est sans armes, au milieu de la compagnie à laquelle il appartient; comme tous ceux qui l'entourent il est injustement attaqué; comme eux, s'il avait eu son fusil dès lors il soutenait la lutte. Dans une telle circonstance, résister à la force n'était pas seulement un droit, c'était un devoir; et certes si une guerre vive et meurtrière se fût engagée, le pays aurait eu à déplorer la mort de ses braves citoyens, mais la justice n'aurait pas eu de criminels à condamner: du moins, elle ne les aurait pas trouvés dans les rangs de la garde nationale.

Jeanne va-t-il devenir coupable en construisant la barricade Saint-Méry? Non, à cette époque encore il use d'un droit; à cet égard vous avez l'aveu de l'accusation elle-même. Ce témoin entendu aux premières audiences, Simon, c'est lui qui le premier a travaillé aux barricades; il y est resté jusqu'au soir: ces faits sont reconnus, avoués de Simon lui-même; et depuis long-temps la justice est éclairée. Simon a-t-il été puni? Non, on a dirigé des poursuites contre lui mais elles ont été abandonnées. Que dis-je puni? il a été récompensé: c'est après ces tristes journées, auxquelles il prit tant de part, que le gouvernement lui a donné les Invalides. Eh bien! à mon tour j'interpelle l'accusation. Si la construction des barricades est un fait criminel, pourquoi Simon est-il libre? Si c'est un fait innocent, pourquoi Jeanne serait-il forcé d'en rendre compte?....

Messieurs, la construction de la barricade Saint-Méry n'est qu'une conséquence de l'agression des dragons; elle a eu lieu sous l'influence des mêmes idées, des mêmes passions qui animaient Jeanne au moment où il quitta le convoi. Des témoins vous l'on dit, on dépavait les rues en criant: *on égorge la garde nationale, c'est une trahison....*, des hommes paisibles s'étonnaient-ils de tant d'effervescence. *eh! ne voyez-vous pas*, leur disait-on, *que l'on vous assassine?* C'est un fait certain aussi que le cadavre d'un citoyen frappé au convoi fut apporté dans une maison voisine des barricades, et cette vue funeste dut accroître encore la colère que les dragons avaient éveillée.

Ainsi, la croyance à une agression violente, injuste, non-provoquée; croyance fondée sur la vérité ou l'erreur, mais qui prend son point de départ dans un fait matériel bien démontré, a jusqu'ici causé tout le mal. Et, je ne saurais trop le répéter, jusqu'ici, dans l'opinion même de l'accusation, Jeanne est innocent.

Mais, vous a dit M. l'avocat-général, en admettant que les premiers actes de Jeanne puissent se légitimer par la croyance à une agression injuste, il n'a pas cru sans doute qu'il vengeait la garde nationale, lorsque plus tard il a tiré sur elle; que n'a-t-il imité tous ses camarades qui, irrités comme lui la veille, se sont retrouvés le lendemain sous les drapeaux.

Ici, je comprends toute la force de l'accusation. Je le sens, les faits m'échappent, et il ne me reste plus en quelque sorte qu'à faire un appel à votre conscience et à votre raison. C'est une haute question de liberté morale que désormais vous avez à résoudre. Songez à Jeanne, songez à ce caractère si bouillant, à cette organisation si ardente. Jeanne est sous l'influence d'une seule pensée : pour lui il est vrai, il est réel que les dragons ont provoqué, il a été le témoin de cette exaspération générale qui, en un instant, a agité tout le convoi; son ame a reçu des impressions de colère et de violence, et elle les a conservées; il agit sous le feu de ses passions, et pour longtemps la raison est absente.

La garde nationale se présente devant la barricade. Ce fait doit éclairer Jeanne! Eh! qui sait si une affreuse pensée n'a pas alors surgi dans son esprit? qui sait s'il n'a pas cru à une horrible guerre, dans laquelle les deux opinions qui divisaient alors la garde nationale se trouvaient en présence. C'était folie sans doute, ah! oui, c'était folie; mais lui, enfermé dans la barricade, sans communication avec l'extérieur, pouvait-il savoir ce qui s'était passé après le convoi? Savait-il que la colère des citoyens s'était tout-à-coup apaisée? Ils avaient pu, ceux-ci, découvrir une vérité qui les avait calmés; mais lui, il restait invinciblement plongé dans une fatale erreur.

Comment n'a-t-il pas réfléchi? dit-on. Rappelez-vous-le, Messieurs; dès la première charge, Jeanne a été blessé. Blessé! lui! Jeanne! et il réfléchirait! Non, non, il est courbé sous le joug d'une nécessité, et il s'écrie : *La lutte est engagée.*

Réfléchir! cela était-il donc d'ailleurs si facile? Les attaques succédaient aux attaques. A peine les combattans avaient-ils le temps de prendre quelques alimens Le 6, à trois heures, un de ces hommes demande des vivres, *des vivres!* lui répond-on, *il est trois heures, à quatre heures nous serons tous morts.*

(Après diverses considérations générales, Me Marie termine ainsi) :

Les sociétés sont formées d'intelligences qui marchent successivement à l'émancipation politique. C'est là le progrès, c'est la civilisation.

Un siècle ne devine pas le siècle qui le suivra, et s'il apparaît alors un homme en avant de son époque, il parle, on ne le comprend pas; il agit, on le persécute; il agit encore, on le tue..... Cependant le temps marche, et les générations étonnées élèvent des statues à ce précurseur séditieux.

Ah! la justice humaine doit trembler lorsque, jetant les yeux sur le passé, elle voit chaque progrès social appuyé à sa base sur le tombeau d'un martyr.

Messieurs, que ces idées planent sur votre jugement!

J'ai rempli mon devoir, je vous abandonne Jeanne, je vous livre cette existence si pleine, si agitée.

Serez-vous inflexibles? je ne le crois pas. Dans le chemin ensanglanté des révolutions où la force, toujours en présence, est aujourd'hui couronnée et demain séditieuse, il faudrait, pour être inflexible, qu'une autorité suprême et infaillible eût posé des bornes qui disent au voyageur égaré : Par-là tu vas à la gloire, par-là tu marches à l'échafaud.

(LE TEMPS.)

L'attention publique est vivement intéressée par les débats de la cour d'assises. Les journées de juin sont en cause; acteurs supposés dans le dénoûment de ce drame terrible, vingt-deux accusés y figurent. S'ils étaient convaincus, le souvenir des malheureux incidens de la guerre civile, le deuil de ces braves gardes nationaux morts pour l'ordre et pour la loi, et le fatal prétexte donné par la révolte à la violation de la charte, tout cela ferait sans doute encore une pénible impression sur le juri. Mais le procès a développé un ordre d'idées qui ne mène ni à l'échafaud ni à l'infamie.

Si la société demandait vengeance, la société est vengée. On a fait une hécatombe des défenseurs de Saint-Méry; les moins coupables, des innocens même ont rempli les prisons pendant cinq mois. Le sang a effacé le sang. Et ce qui reste des vaincus excite plus de pitié que de haine.

On sait bien, après tout, que dans les discordes civiles le droit est encore plus du côté de la force que du côté de la loi. Ici la loi a vaincu ceux qui protestaient contre elle les armes à la main. Que la loi soit humaine !

Les délits politiques sont châtiés par la société ; c'est peut-être une précaution utile. Mais ceux qu'elle condamne, elle ne les croit pas toujours criminels ; leurs convictions les ont absous : leur ame n'était pas gangrenée. Qui n'a pas été de quelque conspiration durant ces quarante années d'orages politiques ? Des conspirateurs sont aujourd'hui près du trône, qui pouvaient hier porter leur tête sur l'échafaud. Il en est qui sont morts ; l'histoire en a fait des martyrs. En Espagne on envoie les vaincus politiques peupler les galères ; mais aussi c'est presque un honneur en Espagne que d'avoir été aux galères !

Tous les partis en France ont eu leur jour de triomphe ; tous en ont abusé. Mais la révolution de juillet était pure de ces excès judiciaires avant qu'un pouvoir imprudent eût irrité les passions.

Depuis les journées de juin, le ministère public a obtenu contre les accusés trois condamnations à mort ; plusieurs ont été condamnés aux travaux forcés. Nous espérons que la clémence royale, qui a communé la peine de Cuny et de Lepage, s'étendra aussi à tous les malheureux qu'elle a oubliés. Cependant les ministres de Charles X, plus coupables cent fois que le plus coupable des révoltés de St-Méry, n'ont pas eu besoin d'invoquer la clémence ; la justice les avait épargnés.

Nous ne sommes pas suspects de pencher pour la république. Mais dans ces accusations un intérêt domine l'opinion, la cause même de notre révolution et de l'humanité, qu'il ne faut pas souiller par de barbares représailles. Accordons aux délits politiques toute l'indulgence que la loi peut leur mesurer.

Après une bataille, les prisonniers ne sont pas froidement égorgés ; on ne les enchaîne point au bagne. Les Anglais qui parquaient les leurs dans les pontons se sont déshonorés par cette cruauté. Ne livrons pas au bourreau les têtes qui ont survécu à la guerre civile. Et s'il fallait opter entre la mort et les galères, des hommes tels que Jeanne demanderaient la mort !

HUITIÈME AUDIENCE. (30 OCTOBRE.)

Me Saunière, avocat, s'exprime en ces termes, dans l'intérêt les accusés Rossignol, Fournier et de la demoiselle Alexandre :

Messieurs les Jurés,

Sagesse et franchise ; telles sont les règles que j'ai adoptées pour a défense des intérêts qui me sont confiés. Ainsi, ne craignez pas que, par un langage imprudent, j'aille soulever contre les accusés les convictions qui seraient contraires à leurs doctrines; abstraction aite de tout ce qui peut flatter ou blesser les passions, je n'oublierai pas qu'ils ont à se disculper devant vous, et que leur attitude loit être digne de cette solennité judiciaire.

Rossignol est un de ces hommes ardens qui ont l'ame élevée et a pensée profonde. Généreux jusqu'à l'oubli de lui-même, il est apable d'un beau dévouement, d'une action sublime; pour l'acomplir, il n'a jamais calculé ni les dangers ni les sacrifices.

Fournier a reçu moins d'instruction; il a des mœurs beaucoup lus simples, mais son cœur est droit et bon.

Mlle Alexandre est aussi timide que paisible; elle ne se doutait as qu'un jour on la présenterait comme l'héroïne d'un drame où ingt-trois accusés viendraient risquer et défendre leurs têtes!

Et pourtant, ils sont tous les trois menacés d'une peine capitale! Et pourtant, s'il fallait en croire le ministère public, ils auraient ommis un crime qui mériterait deux et trois fois la mort!!! Au nilieu de ces effrayantes accusations, il est consolant de penser que otre raison peut les réduire, votre justice les anéantir.

De longs débats vous ont appris que le 5 juin, jour où des citoyens de toutes les opinions rendaient un solennel et religieux hommage à la mémoire d'un illustre général, une lutte mille fois léplorable s'était engagée entre la troupe et les habitans. Témoin le l'effroi qui s'était répandu, des plaintes et des cris de colère qui étaient proférés au milieu d'une population dispersée par la orce publique sans comprendre les causes d'une semblable rigueur, Rossignol prévit aussitôt la possibilité d'une résistance et des malheurs beaucoup plus grands encore; il se hâta d'arriver au poste qui lui était assigné comme garde national; mais déjà le désordre vait éclaté dans la rue Saint-Martin, près du lieu même de son lomicile, des barricades étaient élevées au milieu d'une exaltation difficile à contenir, l'indignation et la vengeance, tels étaient les sentimens qu'il voyait empreints sur tous les visages. Il eût été imprudent de chercher à maîtriser cet élan par une résistance qui n'aurait pas été suffisamment secondée, il attendit des ordres pour se réunir à la compagnie dont il faisait partie; bientôt les insurgés furent en mesure de soutenir une attaque; une patrouille survient, elle menace d'entraîner et même d'assaillir un de ceux qui avaient soulevé des pavés, elle est forcée d'y renoncer, et ne traverse la barricade qu'au milieu des imprécations et des reproches. Quelques instans s'écoulent, un détachement de la garde nationale se présente et veut la franchir à son tour.... Mais les insurgés l'arrêtent; la guerre civile est imminente, des concitoyens vont s'entregorger, le sang va couler à grands flots, là peut s'allumer le foyer des calamités publiques, là peut commencer le deuil de la patrie! et cependant, quels sont les ennemis qui vont se combattre?

D'un côté, des hommes égarés peut être dans leur croyance, mais qui pensent avoir été victimes d'une brutalité féroce; des citoyens qui sont convaincus qu'on les a frappés alors qu'ils étaient inoffensifs et sans défiance; des patriotes qui craignent qu'on n'essaie de leur ravir, avec le canon, des libertés qu'ils avaient conquises à la baïonnette.

D'un autre côté des gardes nationaux qui, peut-être aussi dans l'erreur, se sont imaginé qu'ils n'avaient que des perturbateurs à combattre; des pères de familles qui, pénétrés de leur devoir, oublient jusqu'à leurs intérêts et leurs affections, et viennent courageusement exposer leur vie pour le maintien de la sécurité publique.

Eh bien! l'esprit rapide et juste de Rossignol a fait en un instant ces douloureuses réflexions. C'est alors que, rempli des émotions les plus pénibles, il exécute, aussitôt qu'il le conçoit, le projet le plus noble et le plus périlleux!!! il ira SEUL parlementer dans l'intérêt commun, son dévouement empêchera des hostilités sanglantes!... Il se montre à découvert sur la barricade, il s'écrie: *à nous, amis! Vive la garde nationale!* il s'élance dans les bras du capitaine qui la commandait, il le presse, il le sollicite, il le supplie de ne pas engager trop témérairement une lutte qui pourrait augmenter encore l'exaltation des insurgés, il lui propose de venir se mêler avec eux pour occuper la barricade; là, il sera plus facile de se comprendre!... Vains efforts! L'officier a mal interprêté ces dispositions, il croit qu'on lui propose de transiger avec ses devoirs; homme d'honneur et de courage, il n'écoute que ces sentimens, il lève son épée et commande l'attaque... Mais les insurgés attentifs, ont observé tous ces mouvemens; le danger augmente pour eux, ils font une décharge, et deux gardes nationaux tombent rappés par leurs balles, quand Rossignol était encore entre les mains de l'officier, qui cherchait à le retenir comme rebelle et prisonnier. Le détachement riposte et se met en fuite; Rossignol, qui a essuyé les deux feux, échappe miraculeusement à tant de périls, traverse la barricade un moment après, et rentre chez lui, désespéré de n'avoir pas pu mettre obstacle à de pareils désastres..... depuis, on ne l'a plus revu sur le théâtre du combat.

Comment donc se fait-il que lui, qui n'a fait que passer sur cette scène de malheurs, lui qui l'a traversée plus rapide que l'éclair, lui à qui l'on ne peut du moins refuser l'honneur d'avoir exposé ses jours comme parlementaire et conciliateur, lui dont la vie a toujours été honorable et pure, vous ait été signalé comme l'homme le plus dangereux par son influence, le plus actif, le plus persévérant dans le désordre, le plus acharné dans la révolte? Ah! Messieurs, c'est ce que les passions et les ressentimens politiques peuvent seuls expliquer! et je me suis imposé la loi de ne pas vous en entretenir.

Me Saunière, après cet exposé rapide des évènemens, combat les charges qui s'élèvent contre chacun des accusés. Il s'élève avec une chaleureuse indignation contre la préméditation de désordre qui avait été primitivement reprochée à aux accusés de la barricade.

« Messieurs les jurés, a dit l'orateur, quand allumant toutes les vengeances, excitant toutes les haines, on construisait les bases de cette accusation, le délateur donnant un libre cours au fiel qu'il venait distiller, se complaisait en quelque sorte à exagérer ses récits, à envenimer ses interprétations; le magistrat accordait à ses délations un crédit trop facile: que dis-je! il ne se défendait pas toujours des impressions du moment.... Ainsi et d'après les termes de l'acte d'accusation, il y aurait eu pour ainsi dire conspiration flagrante, des conjurés auraient prémédité l'attaque... L'estaminet de Fournier avait été signalé comme ayant été *ouvert pour la circonstance*, comme le foyer de l'insurrection, comme le quartier-général de la révolte. On accusait Fournier d'avoir distribué des armes le matin même du jour des barricades; l'un de ses garçons aurait annoncé qu'on devait se battre.... et vous avez vu crouler tout ce grand échaffaudage d'accusations ruineuses et passionnées! Le ministère public a été forcé de déclarer qu'il n'avait aucun élément pour soutenir cette accusation, il l'a désertée. Et comment ne l'aurait-il pas fait? l'idée d'un complot pouvait-elle être accréditée, était-il possible de parler de préméditation au souvenir des privations qu'ont endurées les insurgés? N'était-ce pas au milieu du combat qu'ils réclamaient des munitions? (Mouvement.)

« Me Saunières examine la conduite de l'accusé Rossignol au moment de l'attaque; l'avocat invoque, pour la justification de son client, la lettre même où (suivant M. le président) il faisait l'aveu de son crime; tandis qu'au contraire, elle a démontré quelle était la noblesse et l'élévation des sentimens qui l'avaient dictée. Il repousse principalement la déposition du témoin Cerveau, le seul qui ait affirmé avoir vu Rossignol commander et faire feu à la barricade.

« Comment, dit l'orateur, ne pas soupçonner la sincérité de ce témoignage quand on se rappelle qu'il n'est parvenu à l'oreille des magistrats que le 27 juillet, c'est-à-dire près de deux mois après les évènemens! Aurait-on oublié déjà que l'espionnage était organisé dans les rues? la délation n'était-elle pas prescrite comme un devoir, vantée comme une vertu? Croyez-moi, ce témoin en aurait revendiqué l'honneur. (Rires dans l'auditoire.)

« Me Saunière examine et combat les charges qui s'élèvent contre l'accusé Fournier; si quelques insurgés ont pénétré dans son estaminet, il a dû le souffrir; car, outre qu'il lui a été impossible de les repousser, il eût été dangereux de résister à leurs volontés. Un seul témoin aurait déclaré reconnaître Fournier comme ayant distribué des cartouches : Mais cette reconnaissance était tellement légère et incertaine, qu'il a commis à l'audience la plus grossière des erreurs en désignant l'accusé Conilleau. Fournier, enfin, n'a pas fait de signes aux insurgés; Simon père l'a dit, il est vrai, mais qui n'a pas apprécié l'intérêt qui a pu le porter à mentir.

« Enfin, Me Saunière, s'occupant de la défense de mademoiselle Alexandre, s'exprime en ces termes: Au milieu de tous ces hommes armés pour la défense de leurs droits violemment attaqués, vous voyez figurer une femme accusée comme eux d'avoir commis de complicité un attentat dont le but était de renverser le gouvernement; et, pour soutenir une accusation aussi grave, on lui reprocherait d'avoir fait des signaux et témoigné de la joie? En vérité, Messieurs, j'éprouve de l'embarras pour la défendre autant au moins que le ministère public en a éprouvé pour l'accuser. Non, mademoiselle Alexandre n'a pas démenti les qualités de son sexe! elle a secouru les blessés, elle leur a prodigué des soins et des consolations quand ils leur étaient nécessaires: voilà tout son crime! mais du reste elle gémissait sur les hostilités, elle les déplorait avec amertume; elle s'est évanouie deux fois au bruit de la fusillade, elle a poussé des cris de frayeur en voyant tomber une victime dans la rue Maubuée, et peut-être que, aveuglé par la peur et la colère, les voisins ont pris ce mouvement d'effroi pour des éclats de rire ou des applaudissemens! Une femme n'a pas tant de barbarie!

« Me Saunière résume tous les moyens de défense, et termine par l'analyse des crimes mentionnés dans l'acte d'accusation; il soutient que le même fait ne peut porter avec lui plusieurs caractères de criminalité, et qu'il y a perfidie à le présenter comme constituant soit un attentat, soit une rébellion, soit une tentative d'homicide. Il finit sa plaidoirie en ces termes :

« Rossignol un assassin ! Fournier et mademoiselle Alexandre complices d'un assassinat ! Mais cette accusation bouleverse toutes mes idées ; il a fallu, pour la porter, méconnaître leur famille, la position qu'elles ont dans le monde, et les sentimens d'honneur dont elles ont donné l'exemple. Rossignol un assassin ! mais je le connais moi, j'ai vécu près de ses parens, il est mon ami depuis bien des années, et je puis affirmer qu'il a horreur de tout ce qui pourrait être indélicat ou déloyal. Comment donc ses mains auraient-elles commis un homicide ? comment ce cœur si généreux l'aurait-il prémédité ? ah ! Messieurs, il a fallu bien du courage pour oser lui reprocher de pareils forfaits ! Maintenant, voici les fruits amers qu'a produits cette horrible accusation. La famille de Rossignol se compose de négocians honorables ; elle compte plusieurs officiers supérieurs dans l'armée, ils sont tous dans la plus profonde affliction : son père est mort en apprenant la captivité de son fils ; sa mère languit dans la douleur et ne résisterait peut-être pas à des chagrins nouveaux : il y a même dans cette enceinte un frère dont la sollicitude est mortelle. Il ne serait pas environné de tant d'intérêt s'il était coupable.

« Messieurs, je vous ai dit en commençant que Rossignol avait l'âme élevée et la pensée profonde. Cela est vrai, en vous le présentant ainsi j'ai voulu vous amener à comprendre qu'il était capable de remplir la grande mission de paix qu'il avait conçue ; j'ai voulu vous faire partager avec moi cette douce conviction, que les impulsions de son cœur avaient été généreuses et grandes. Quelles que soient ses sympathies, vous les respecterez ! »

Ces derniers accens, prononcés par Me Saunières avec une émotion bien sensible, ont produit une impression profonde sur l'auditoire et sur MM. les jurés.

Me Briquet présente la défense de Rojon, Goujon et Brunelle.

M. Delapalme, avocat-général, se lève et dit : « La cour et MM. les jurés se rappellent que M. Soubiranne, chef de bataillon, témoin important, n'a pu être entendu sur les faits généraux. Ce témoin a écrit à M. le chef d'escadron Desoliers une lettre, dont je vais donner connaissance à MM. les jurés. Voici cette lettre :

« Mon cher commandant,

» Moi qui fus témoin de votre admirable conduite dans la trop fatale journée du 5 juin ; moi qui ai eu l'honneur de vous rendre quelques services ; moi qui parai un coup qu'un de ces furieux vous assénait ; moi qui arrachai à un autre le sabre qu'il venait d'enlever de votre fourreau, je suis indigné des dépositions qu'on fait à la cour d'assises : ces dépositions confondent les instans; plus précises, elles effaceraient l'espèce de défaveur dont on cherche à vous frapper, ainsi que vos braves camarades. L'honneur me force à vous rendre la justice de dire que, pendant tout le temps que j'ai passé auprès de vous, votre patience a été exemplaire, et beaucoup d'autres à votre place n'eussent pas resté inactifs et sourds aux outrages dont vous avez été abreuvés.

» Comment laissez-vous passer en silence tant de faits qui vous outragent? Comment ne faites-vous pas demander à la justice de vous entendre à votre tour, ainsi que les personnes qui furent témoins de votre patience et de votre cruelle position? Si vous pensez que ma présence vous soit utile, n'hésitez pas à me faire citer. Témoin de beaucoup de circonstances, je dirai la vérité, parce que, depuis ces momens difficiles, je vous ai voué estime et attachement; parce que, victime vous-même de votre patience, je vois avec chagrin qu'on vous fasse jouer un rôle odieux.

» Je vous le répète : si vous le jugez convenable faites-moi citer.

» Croyez-moi tout à vous.

« Soudiranne,

» *Chef de bataillon de la circonscription d'Allizai-Alloville, près Pont-de-l'Arche.* »

Jeanne. Je demanderai à M. le président la permission de faire une observation. Il m'a été dit que l'on cherchait à accréditer dans l'auditoire qu'en me présentant à l'audience avec une casquette rouge, je voulais braver les jurés.

M. le président. Cela ne peut avoir aucune influence sur l'esprit du juri.

Jeanne. Je sens néanmoins le besoin de dire qu'il n'est pas dans mon caractère de braver qui que ce soit; quand la *victoire* était entre mes *mains*, je ne bravais pas les vaincus; il est encore moins dans mon caractère, moi *vaincu*, de braver les vainqueurs.

La parole est ensuite à Me Caron, avocat de Falcy, Mulette et Marris.

MM. les jurés,

« Si j'avais de grands coupables à défendre devant vous, je l'avouerai, effrayé à l'aspect de la carrière que mes confrères ont parcourue avec autant de talent que d'adresse, je m'arrêterais interdit et sans oser en franchir le seuil, mais une si grande tâche ne m'était pas réservée.

» Les accusés dont j'ai à vous présenter la défense, sont étonnés eux-mêmes du rôle qu'on leur fait jouer dans ce grand drame. Ils se demandent comment de spectateurs contraints, ils ont pu tout-à-coup être transformés en acteurs importans? Ils se demandent quels grands exploits les mettent aujourd'hui en présence d'une accusation capitale?

»Dans de telles conjonctures, arrière les théories politiques, arrière l'examen de l'agression et de la légitime défense. *Mulette, Falcy et Marris* repoussent les secours que leur offriraient ces hauts principes. Simple, modeste, fut leur conduite; simple, modeste sera la justification qu'ils sont obligés d'en faire devant vous.

» MM. les jurés, permettez-moi de vous parler d'abord de Mulette.

» C'est à une réminiscence aussi fâcheuse qu'inexplicable de la justice que Mulette doit l'ennui de paraître aujourd'hui sur le banc des accusés. Arrêté le 6 juin sur le théâtre de la *sédition*, il demeure deux mois en prison. Il est mis en liberté; quelques jours se passent, le juge d'instruction l'appelle, il y court avec la confiance que devait lui donner l'issue qu'avait eue la longue instruction, on l'arrête, il ne devait plus sortir de prison que pour paraître devant la cour d'assises.... Ah! sans doute que de nouvelles charges sont venues peser sur lui? Non, alors comme aujourd'hui on l'incrimine: d'avoir été arrêté dans la maison, rue Saint-Martin n° 30; d'avoir été trouvé ayant les mains et la bouche noircies de poudre; alors comme aujourd'hui on l'incrimine d'avoir été trouvé nanti de poudre; alors comme aujourd'hui, on fait valoir contre lui *cet aveu qu'il a fait des cartouches pour ce que vous appelez les insurgés.*

« Ainsi ce que la justice n'a pas cru punissable un jour, pourra, dans un autre moment, être invoqué par elle pour élever un échafaud ou bien ouvrir les bagnes avec le chapitre des circonstances atténuantes!!!

« Ici Me Caron combat successivement les dépositions invoquées par l'accusation. Il établit que Mulette, qui avait, le 6 juin, travaillé jusqu'à une heure, passait par la rue Saint-Martin, lorsqu'à la hauteur du n° 30 il fut contraint, pour trouver un abri contre les balles qui sillonnaient les airs, de se réfugier dans cette maison; que là les *révoltés* lui ont donné de la poudre et des balles pour confectionner des cartouches, mais que lui, tout en ayant l'air de céder à cette violence, a insinué la poudre dans ses poches; il explique comment cette manutention de poudre a pu lui noircir les mains. Quant aux marques noires que pouvaient présenter ses lèvres, ou plutôt son menton, Me Caron fait un tableau des violences dont Mulette a été l'objet pendant qu'on le conduisait à l'état-major Ce jeune homme aurait été renversé plusieurs fois à coups de crosse de fusil sur les barricades.

« Mais, dit l'accusation, Mulette est convenu d'avoir fait des cartouches ! Ainsi, s'écrie Me Caron, vous invoquez contre Mulette un aveu que vous avez déjà apprécié en le mettant en liberté ; car, MM. les jurés, cet aveu n'est pas nouveau, il a été consigné dès l'abord de l'instruction. Eh ! bien, je vais répondre. Je vous ai déjà dit, MM. les jurés, les injures, les coups, les blessures que l'infortuné Mulette avait reçus dans le trajet qui sépare le lieu de son arrestation de celui où il fut conduit, ce n'est pas tout, là d'autres angoisses l'attendaient.

« Tu vas être fusillé à l'instant même, lui disait-on, ou au plus tard demain matin, ajoutait une autre horde de la soldatesque furieuse. Ah ! je vous le demande, dans une situation aussi critique, plus difficile à imaginer qu'à décrire, celui qui en est le déplorable objet, jouit-il bien de toutes ses facultés intellectuelles ? Ajouterez-vous au récit qu'on lui arrache, le fusil sur le cœur, la créance que vous donneriez à celui qu'il vous ferait aujourd'hui, où le danger n'est pas aussi immédiat, en supposant qu'il puisse avoir quelque chose à redouter de vos arrêts ?

« Eh ! mais au surplus, sans revenir contre l'espèce d'absolution qu'on lui a déjà donnée, quel avantage espère-t-on tirer de cet aveu ?

« L'avocat explique que l'heure à laquelle Mulette est arrivé sur le lieu du combat, est ce qu'on peut invoquer de plus fort en sa faveur, comme repoussant toute participation de sa part au crime ou prétendu crime qui aurait été tenté ; que ce n'est pas au moment où les *rebelles* étaient à demi vaincus, que Mulette, non plus que deux ou trois enfans arrivés inopinément et sans armes, peuvent être soupçonnés, raisonnablement du moins, d'avoir voulu faire pencher en leur faveur la victoire devenue certaine contre eux.

« Après de touchantes considérations en faveur de son jeune client, Me Caron ajoute : « MM. les jurés : Vos cœurs ont déjà parlé, j'attends un verdict d'acquittement.

Pour Falcy. — « Le gouvernement avouerait le sentiment de sa faiblesse, s'il persistait à soutenir qu'il y a eu attentat à le renverser, commis par des gens de la trempe de Falcy.

« Si l'ironie pouvait trouver place dans des débats aussi graves, je vous rappellerais, sans commentaires pourtant, la déposition du témoin qui semble le plus charger l'accusé Falcy ; mais quelque rassuré que je sois sur l'issu de ce procès criminel, je sais que mon ton doit être aussi grave que l'a été l'accusation.

« L'avocat établit que s'il demeure constant que Falcy a été arrêté dans une chambre supérieure de la maison, rue Saint-Méry, n° 48, où se trouvaient des armes et de la poudre, il ne l'est pas moins que Falcy ait contribué à l'insurrection ; que s'il demeure constant qu'un fusil ait été braqué sur le clairon Sudre, premier soldat entré dans cette chambre où se trouvaient huit ou neuf personnes, il ne l'est pas que ce fusil ait été ainsi tenu par Falcy; qu'il règne dans la déposition du clairon Sudre une hésitation telle qu'elle ne peut, se trouvant seule d'ailleurs, faire peser plus long-temps sur la tête de Falcy une accusation capitale.

« Me Caron rappelle à MM. les jurés qu'il a été articulé aux débats que Falcy avait travaillé chez son bourgeois, le 6 juin, jusqu'à trois heures. Que passant par la rue Saint-Méry, son chemin naturel, il était arrivé au moment où les soldats débouchaient de la rue Saint-Martin pour assiéger les maisons nos 48 et 50 de la rue Saint-Méry; que dans son trouble, Falcy trouvant ouverte la porte, no 48, et ignorant que cette maison servait de retraite à des insurgés et allait essuyer un siége, s'y était retiré; que presqu'au même instant cette maison avait été envahie par la troupe de ligne; que Falcy et plusieurs personnes de lui inconnues se blottirent pêle mêle dans une chambre haute où ils furent trouvés par les assiégans; qu'en tenant comme exacte la déposition du clairon Sudre, qu'un fusil ait été dirigé contre lui, il n'affirmait pas positivement que Falcy en ait été le porteur; que ce qui éloigne cette supposition, c'est sa déposition même, puisqu'elle nous représente Falcy comme ayant, en sa présence, versé des larmes, en s'écriant qu'il était innocent; que le même témoin affirme qu'à côté de Falcy se trouvait un *particulier* qui avait l'air *de n'avoir pas froid aux yeux*, ce qui, en langage de troupier, est l'indice du courage; que si donc un fusil a été réellement braqué sur le clairon, il est plus vraisemblable que ç'aura été par cet individu qui *n'avait pas froid aux yeux*, et non par Falcy qui avait les siens remplis de larmes.

« Mais, dit l'acusation, Falcy avait les mains et les lèvres noircies de poudre...

« Incrimination banale qui frappe tous les accusés. Oh! combien vous devez vous prémunir, Messieurs les jurés, contre cette partie de la déposition des soldats! Rien ne doit être négligé dans un procès criminel, aussi bien que l'incident dont j'ai à vous entretenir soit tout récent, bien que vos souvenirs soient encore palpitans de l'impression qu'il a laissée dans vos esprits, permettez-moi de vous en entretenir ancore.

« Le jeune et intéressant Fradelle qui figure sur les bancs de l'accusation aurait été trouvé, s'il faut en croire les voltigeurs, ayant aussi les lèvres et les mains noircies par la poudre; ces soldats l'ont affirmé POSITIVEMENT. Et pourtant vous avez vu s'avancer aux pieds de la cour le capitaine Beley, qui, avec la véhémence d'une conviction intime et profonde, vous a déclaré que LUI-MÊME avait, au moment même de son arrestation, conduit le jeune Fradelle auprès d'une croisée, et qu'il pouvait affirmer que Fradelle n'avait ni les mains ni les lèvres noircies... (Sensation.)

« Sans doute les soldats n'ont dit que ce qu'ils croyaient avoir vu, mais alors qu'ils sont convaincus de s'être trompés à l'égard de Fradelle, ne penserez-vous pas qu'ils peuvent errer en ce qui touche Falcy.

« Je termine par un seul mot : il y avait trop peu de temps que Falcy se trouvait dans la maison pour que, par contrainte même, il ait été occupé à préparer des munitions devenues désormais inutiles.

Pour Marris. — « D'après l'accusation, Marris aurait été arrêté au moment où il sortait de la maison rue Saint-Méry, n. 50; il aurait été trouvé porteur d'un fusil chargé! Il ne serait parvenu à cette maison qu'en passant par un jour que les insurgés auraient pratiqué aux toits de la maison rue Saint-Martin, n. 30; il aurait été vu arrachant des pavés de la cour n. 30, pour les porter dans les étages supérieurs du haut desquels on les jetait sur les troupes.

« Voilà, Messieurs les jurés, sans les atténuer aucunement, les charges qui s'élèvent contre Marris. Elles sont graves, je l'avouerai, mais, chose étrange, c'est dans leur gravité même que j'irai puiser mes moyens de défense.

« Procédons par ordre :

« Oui, Marris est entré dans la maison, rue Saint-Martin, n. 30.

« Oui, il a contribué au dépavage de la cour.

« Non, il n'a pas monté des pavés dans les chambres hautes.

« Oui, il est sorti du n. 48, rue Saint-Méry, avec un fusil chargé.

« Non, Il n'a pas fait usage de cette arme soit avant soit au moment de son arrestation.

Me Caron fait remarquer que si l'accusation est aussi avancée contre Marris, c'est plus à ses aveux qu'elle le doit qu'aux charges de l'instruction; qu'un seul témoin avait parlé du dépavage, mais que pressé de questions sur le point de savoir si Marris avait monté des pavés dans les appartemens, ce témoin avait déclaré ne pouvoir l'affirmer; qu'en présence de ce seul témoignage Marris aurait pu nier la part qu'il avait prise au dépavage, mais qu'il avait préféré dire la vérité, persuadé qu'il était que la vérité ne pourrait le perdre; qu'ainsi Marris reconnaissait avoir été attiré par la curiosité, rue Saint-Martin, non-seulement une fois, mais deux, la première à huit heures du matin, qu'ayant pu se retirer sain et sauf de la bagarre, cela l'avait engagé à y revenir à midi; qu'alors il avait été entraîné par les insurgés au moment où ceux-ci étaient forcés de se retrancher au n. 30; que là il avait été contraint, par menace, à arracher des pavés du sol de la cour, mais qu'il s'était défendu d'en monter; que le n. 30 étant pris, il avait fui comme les autres par le chemin que ceux-ci s'étaient ouvert; que, sans trop savoir comment il s'était trouvé dans la boutique du boucher, rue Saint-Méry, n. 50; qu'il tenait encore le fusil dont la crosse lui avait servi pour se frayer un passage, lorsque voyant jour à pénétrer dans la rue il s'était présenté en face des troupes ayant encore cette arme, qu'il aurait sans doute abandonnée, s'il eût pu croire à quoi l'exposait cette détention momentanée.

Me Caron fait ressortir habilement la vraisemblance de ce récit; il se demande s'il est présumable que Marris, combattant vaincu, ait osé se présenter *seul* pour faire une trouée à travers les vingt et quelques mille hommes qui obstruaient les rues Saint-Méry et Saint-Martin. Il dit qu'on ne peut attribuer qu'à son trouble cette rare imprudence à se présenter en armes au front des soldats assiégeans; que, sans contredit, si Marris eût combattu antérieurement, il aurait jeté son fusil dans un coin de la maison avant d'en sortir.

Me Caron résume les charges de l'accusation et les réponses de la défense rélativement à ses trois cliens, *Mulette*, *Falcy*, *Marris*.

Après cette plaidoirie, Jeanne se lève et dit : Je demanderai à M. le président la faveur que mon père et ma mère puissent se placer dans l'enceinte de la cour...; on les empêche de se mettre devant moi..... C'est une consolation qu'on ne me refusera pas... » (En prononçant ces mots, la voix de Jeanne est émue, entrecoupée; des larmes coulent de ses yeux.)

M. le président. Vos parens sont placés; si je cédais à votre désir, il ne serait aucun des accusés qui ne fît une pareille demande, et tous leurs parens envahiraient les places réservées au barreau.

Jeanne. Il n'est personne, j'en suis convaincu, qui ne soit prêt à céder sa place à mes parens.

Une voix au barreau. Voici des places.

Me Marie. Le parquet, l'enceinte de la cour devraient être plutôt réservés aux parens des accusés qu'à des curieux, et j'insiste pour que M. le président accueille une demande si juste et si naturelle.

Jeanne. Il me semble que ma conduite dans tout le cours de ces débats n'aurait pas dû provoquer une pareille rigueur.

Le père de Jeanne, du fond de l'auditoire. Q'une place seulement, accordée à ma femme.

M. le président. Eh bien! entrez, entrez tous deux. (Mme Jeanne entre en effet; tous les regards se portent sur elle; elle est pâle, paraît souffrante; nous n'avons pas besoin de dire que son émotion est vive et profonde.)

Me Pelleport prend la parole en faveur du jeune Fradelle.

Messieurs les jurés,

Je m'étais flatté de voir abandonner la triple accusation capitale qui pèse sur mon client. J'avais communiqué cet espoir à sa famille. Quel a été mon étonnement, ou pour mieux dire ma douleur, en entendant Monsieur l'avocat-général reproduire des charges qui ne reposent sur aucun fondement, il est vrai, mais qui ne laissent pas de jeter l'inquiétude au sein d'une mère.

A quelle extrémité se trouve donc réduit l'organe du ministère public? Il est obligé de trouver un coupable là où vous n'avez vu qu'un innocent! Je ne m'explique pas sa position.

Mon client est ce jeune homme sur lequel les débats n'ont appelé votre attention que pour exciter en sa faveur le plus vif intérêt. — Vous n'avez pas su le dissimuler. Tout le monde a compris que votre désir de le rendre à la liberté accusait les lenteurs de ce triste procès.

Au lieu de suivre le chemin tracé qui conduisait à découvrir son innocence, on est entré dans le champ des suppositions; on vous a représenté des clubs populaires où l'on exalte les têtes faciles à impressioner, pour accomplir je ne sais quels desseins. Joseph Fradelle est à l'abri de ces imputations. Avant les journées de juin, il appartenait tout entier à ses devoirs; il sacrifiait tous ses loisirs à sa famille; il n'entretenait que de douces relations d'amitié. Demeuré tout-à-fait étranger à la politique, il ne songea point à assister aux funérailles du général Lamarque. Le patriotisme ne s'est pas encore éveillé dans le cœur de cet enfant.

Auriez-vous pu vous imaginer qu'avec de tels antécédens, son âge ait fourni l'occasion de le comparer à ce féroce inconnu qui aurait à trois différentes reprises dirigé son arme contre un homme inoffensif. Vous n'avez point oublié que M. l'avocat-général, pour établir la culpabilité de mon client, vous a dit que cet inconnu est peut-être moins âgé que lui. Si M. l'avocat-général en a la preuve, pourquoi ne l'a-t-il pas fait asseoir sur les bancs? et s'il a des doutes, si cette allégation est fausse, quel besoin de lancer une si horrible accusation sur un être où le germe du mal n'a pas eu le temps de se développer. Fradelle! un assassin! Je devais, Messieurs, repousser cet outrage!...

Il passa toute la journée du 5 juin dans un atelier situé dans la rue de Bondy, qui fut pendant quelques heures le théâtre de la guerre. Il n'y prit aucune part. On ne lui reprocha pas même un mouvement de curiosité. Le 6, les travaux furent suspendus. Fidèle à ses habitudes, il voulut profiter de cette occasion pour visiter une parente. Il mit ses plus beaux vêtemens, M. Bara son maître, témoin régulièrement assigné et sur la moralité duquel on a fait prendre des renseignemens, je le sais, a confirmé sous le sceau du serment la vérité de ce fait signalé dans un certificat que M. l'avocat-général a *oublié* de mettre sous vos yeux.

De la rue Philipeaux où il demeure, mon client se dirigea vers la rue du Paon. Il dut prendre la rue St-Martin. Dix heures avaient sonné. Il traversa les barricades, où le passage était libre encore pour les personnes non armées. Ce fait résulte de l'instruction.

Le quai était occupé par des soldats qui firent quelques décharges dans la rue des Arcis et faillirent l'atteindre. Il retourna sur ses pas pour regagner son domicile. Arrivé à la hauteur du nº 38 de la rue St-Martin, il fut obligé de s'arrêter par les démonstrations hostiles d'une forte colonne de gardes nationaux venant des boulevarts pour attaquer les insurgés. Elle fit feu. Il fut obligé de se réfugier dans une allée où il resta pendant une heure Quand les hostilités semblèrent suspendues, il espérait pouvoir se retirer, mais une nouvelle attaque succéda rapidement à celle qui venait de finir. La porte de l'allée où il avait trouvé une première retraite était fermée.... pour éviter la mort, il entra dans la maison nº 30, et c'est parce qu'il y est entré, qu'une triple accusation capitale pèse sur lui! Une foule de témoins ont déposé qu'ils s'étaient trouvés eux-mêmes dans cette nécessité de chercher un asile. A sa place ceux qui l'accusent n'auraient pas cru si facile de s'échapper par un un autre chemin.

On vous a insinué que l'esprit de la résistance l'avait conduit dans cette maison. Vous ne croirez pas que c'était pour combattre qu'il avait revêtu ses habits de fête. Vous ne croirez pas qu'il soit devenu tout-à-coup guerrier politique. Il n'a pas non plus cédé à un entraînement. Là il ne connaissait personne, il n'était connu d'aucun. — Fradelle est remarquable par sa figure et par sa jeunesse. S'il eût pris part à la révolte, il n'aurait pas échappé au souvenir de quelques-uns de ces deux cents témoins dont la plupart ont montré tant d'hésitation; pas un seul ne s'est arrêté sur lui, pas un seul ne s'est mépris sur son compte. — Il n'a donc pas agi, il n'est donc pas coupable de s'être trouvé au lieu de la sédition.

» L'art. 97 du Code pénal punit de mort les individus faisant partie d'une bande criminelle, et ceux qui auront été saisis sur le lieu de la réunion séditieuse.

» Mais l'art. 100 porte qu'il ne sera prononcé aucune peine contre ceux qui n'ont exercé ni commandement, ni emploi, ni fonctions.

» Le législateur n'a point voulu frapper l'innocence, il nous a rendus responsables de nos actions, mais jamais solidaires d'une aveugle fatalité qui nous enveloppe malgré nous dans les scènes de malheur. La justice n'est pas inhumaine.

» Cependant la troupe de ligne et la garde nationale remportaient des avantages.... Bientôt la hache des sapeurs vint frapper la porte de la maison. Un grand nombre d'insurgés trouva son unique salut dans la fuite. Une ouverture fut pratiquée dans le toit. Fradelle s'empressa d'échapper aux vainqueurs qui l'auraient immolé à leur vengeance; le récit de madame Blanc vous a fait frémir. Il alla se cacher au n° 48 de la rue Saint-Méry; il fut fait prisonnier. — Et des soldats égarés lui auraient plongé la baïonnette dans la poitrine, si le capitaine Bellet, appelé par les cris d'un enfant, ne s'était jeté sur lui pour le protéger. Brave militaire! recevez l'hommage public d'une profonde et vive reconnaisance! 24 autres individus arrêtés avec lui, ont presque tous été mis en liberté.

» Des charges plus fortes s'élèvent-elles contre mon client. *Il venait du* n° 30. Mais sa conduite est justifiée. — On n'avait d'ailleurs d'autre preuve de son séjour dans cette maison que son aveu. Comme il vous l'a dit, s'il avait eu quelque acte à se reprocher, il aurait su garder le silence.

» L'accusation reprend :

» Un fusil se trouvait dans les plis de la couverture du lit, où Fradelle s'était *blotti* selon son expression naïve.... Ce fusil où est-il? à qui appartient-il? a-t-il été tiré? a-t-il tué? Tout le monde l'ignore. — Fradelle va vous l'apprendre... Pour arriver au n° 48, il fallait descendre d'un toit à un autre. Deux personnes fuyaient avec lui. L'une d'elles le prie de prendre un instant son arme pour franchir sans difficulté. Mon client lui rend ce service; l'autre le lui laisse dans les mains et va se cacher plus loin. — Voilà la vérité tout entière.

» En droit, le ministère public est obligé de la reconnaître. L'aveu est indivisible de sa nature, il est de principe qu'il ne peut être scindé.

» Lorsqu'il s'agit d'un simple intérêt privé, ce principe est incontestable en serait-il autrement; lorsqu'il s'agit de la tête? Peut-on récuser une partie de la vérité, pour faire servir l'autre à obtenir une condamnation à mort, faute d'aucun autre moyen à opposer? — Non, Messieurs! Ici la franchise de Fradelle éclaire seule la discussion! Tournerez-vous contre lui son ingénuité et son caractère d'enfant?.. Je n'ai à dire qu'une seule chose à cet égard, c'est que le nombre des individus arrêtés avec lui était très-supérieur au nombre des armes saisies, et que l'on ne saurait supposer que des personnes âgées, qui étaient là pour se battre, aient laissé un fusil entre les mains de mon jeune client, avant que la crainte d'être surpris ne leur ai fait employer ce stratagème. *Mais ce fusil était-il sous la couverture!* A cela je réponds que Fradelle avait assez d'esprit pour comprendre que la maison étant envahie, il devait cacher ce qui pouvait le compromettre. Au surplus, je le répète; il n'a pas tiré, il n'a tué personne.

» Il se serait écrié : « Grâce, voltigeurs, je n'ai tiré qu'un coup. L'accusation a faiblement insisté à cet égard. Un seul témoin l'a déclaré, un second n'est pas bien sûr si Fradelle a dit: Je n'ai tiré qu'un coup ou aucun coup. L'officier dépose qu'au moment même, Fradelle lui a dit que le témoin avait mal entendu. Est-il croyable qu'il s'accusât lui-même en voyant l'exaspération des soldats?..

» On ajoute qu'il avait les mains et la bouche noircies par la poudre.... M. l'avocat-général s'est trompé en vous assurant que deux témoins l'ont affirmé ; Sylvestre seul a porté ce témoignage. Et vous avez remarqué son incertitude, il a vu du noir, mais il ne sait pas si c'est de la poudre. A ce sujet, je vous rappelerai un incident remarquable qui a frappé tout le monde, excepté M. l'avocat-général. *Il a du moins oublié de vous en entretenir.*

Cet officier vint vous dire : « Ma conscience me fait un devoir de prendre la parole. Messieurs, le cabinet où Fradelle a été arrêté est obscur, on pouvait à peine distinguer la figure de cet enfant. Je déclare sur l'honneur que j'ai fait approcher Fradelle de la fenêtre, que je l'ai bien examiné que s'il n'avait pas les lèvres noires, et que ses mains ne portaient aucune trace de poudre. L'erreur de mes soldats s'explique, ils étaient émus; ils n'ont pu conserver des souvenirs très précis.

L'officier a conservé jusqu'au bout son admirable caractère : ainsi donc, foi à son témoignage, honneur à lui, il aura deux fois sauvé la vie de mon client !..

Fradelle n'a point pris les armes, il n'a point combattu ; il n'a été victime que de la fatalité, jamais il n'a calculé les chances heureuses du combat dont il a été forcé d'être malheureux spectateur! ce n'est pas à lui de subir les dures conditions de la défaite.

Depuis près de 5 mois, sa famille est désolée, elle a subi toutes les terreurs de l'état de siège. Madame Fradelle a éprouvé tout ce que peut sentir de douloureux le cœur d'une mère. Le jour elle allait pleurer dans une prison, mais la nuit elle était seule avec ses larmes.

Ne pleurez plus, tendre mère, si la justice a des rigueurs, si elle est lente pour l'innocent qui gémit dans la captivité, elle vous promet un heureux jour !

Messieurs les jurés, rendez-lui son enfant.

Me Boussi s'est exprimé en ces termes, pour la défense de Vigouroux :

« Je parle pour Vigouroux. C'est un jeune soldat; aux yeux de l'accusation, c'est peut-être là son plus grand crime. Peut-être vous-mêmes, aussi Messieurs, seriez-vous plus disposés à la sévérité contre lui que contre tout autre, si vous ne vous teniez en défiance contre les impressions du dehors ; mais alors même j'aurais le droit de vous demander plus d'exigence sur les moyens de former votre conviction. Plus la culpabilité vous paraîtrait grande, plus vous devriez être difficiles à l'admettre. Croire trop facilement à un grand crime, c'est calomnier la nature humaine.

« Cette enceinte, Messieurs, est celle de la justice; hors de ces murs, ce sont les passions. Fermez l'oreille aux voix qui pourraient en venir et s'efforceraient de pénétrer frauduleusement où vous êtes. Vous ne devez écouter que celles que vous a fait entendre l'instruction. Eh ! n'est-ce pas assez en effet que cette longue accusation de cinq mois qui s'est grossie sans cesse, et dont tous les élémens se sont réunis ici contre des hommes qui aujourd'hui seulement ont la parole pour soutenir leur innocence.

« Vigouroux est accusé de trois crimes qui entraîneraient la peine capitale : d'attentat, de rébellion et de tentative d'homicide. J'ai peine à m'expliquer la conduite du ministère public à accumuler ainsi ces quatre chefs d'accusation. Vous, Messieurs, qui êtes animés du désir de ne pas multiplier, hors de raison, les chances de culpabilité, vous me saurez gré d'une observation qui tend à simplifier cette cause, et à faire justice de l'étrange et dangereuse manie de qualifier un même fait de plusieurs manières différentes, comme si l'on pouvait procéder par conclusions subsidiaires dans des délits tout-à-fait divers et définis par la loi.

« Notre Code pénal partage en deux grandes classes les délits dont il prononce la répression : *ceux commis contre la chose publique*, et *ceux commis contre les particuliers*. Dans cette dernière classe il faut ranger l'homicide et la rébellion ; à la première revient seul l'attentat. Celui qui frappe son semblable dans le but unique de le détruire, commet un homicide ; celui qui le frappe, sans lui en vouloir, sans le haïr, sans le connaître, seulement comme obstacle indifférent à l'accomplissement d'un fait plus important, celui du renversement du gouvernement, commet un attentat. De même celui qui résiste à un ordre de justice, et dont la résistance va jusqu'à la violence contre ceux qui en sont porteurs, mais seulement pour se soustraire à une exécution, commet le crime de rébellion tel qu'il est défini par la loi. Mais celui qui débute par prendre l'offensive, qui ne se borne pas à résister violemment, mais qui attaque et marche ouvertement à la destruction, celui-là commet un attentat. Certainement, pour renverser un gouvernement qui se défend, il faut employer la violence ; on est bien obligé de détruire des choses ou de frapper des hommes. Mais peut-on pour cela être considéré comme rebelle, pillard ou assassin ? Commet-on un crime privé, ou bien un crime public ?.. Votre raison m'a répondu, Messieurs : c'est l'accusation d'un crime politique qui pèse sur Vigouroux ; et il ne peut y avoir d'intermédiaire pour lui entre l'innocence et la culpabilité d'attentat. Examinons donc les faits qui lui sont imputés.

« L'accusation produit contre lui quatre témoins.

« Le premier, la demoiselle Potain n'a jamais reconnu Vigouroux pour le militaire du 62e, qui s'est trouvé le 6 dans la maison du n. 30 de la rue St.-Martin. A l'audience, elle a désigné, fort à tort sans doute, l'accusé Coiffu, en disant que seulement il était le 6 en militaire. Si Coiffu n'est pas le coupable malgré la reconnaissance, comment Vigouroux le serait-il malgré la méconnaissance ? Je veux bien ne pas compter ce témoin.

« Le second, le sieur Claris a été fait prisonnier à cinq heures du matin, et est parvenu à s'échapper à dix. Pendant son séjour dans la maison n. 30, on a présenté un soldat en disant : « Les amis, voici un brave du 62e dont le régiment est à Toulon, et qui vient combattre avec nous. » Etait-ce Vigouroux ? Etait-ce bien un soldat du 62e ? Claris n'a pas remarqué le n° sur les boutons. D'abord il a déclaré ne pas reconnaître Vigouroux ; ensuite et après réflexion, il a dit que ce pouvait bien être lui, mais qu'il n'oserait l'affirmer ; que le militaire vu au n. 30 lui paraissait plus grand que Vigouroux... Je veux bien admettre que ce soit une quasi-reconnaissance, elle ne suffirait pas : car, de même que Claris hésite à reconnaître, vous devriez, Messieurs, hésiter à condamner. Vous êtes sur un terrain où l'on ne se hasarde point à marcher à tâtons. —Du reste, veuillez bien retenir que c'est sur les dix heures qu'aurait eu lieu la présentation : nous aurons besoin de revenir sur ce fait.

« Viennent les deux filles Morage et Nicolas, ces deux chevilles ouvrières de l'accusation, qui, malgré le trouble où elles devaient naturellement se trouver, sont venues, à la vérité après de nombreuses confrontations de procédure, reconnaître successivement presque tous les accusés. Vigouroux devait leur échapper moins qu'aucun autre, car il est porteur d'un signe particulier. Elles déclarent donc, dans leur merveilleuse unanimité, qu'elles l'ont vu, le 6, *pendant toute la journée.* C'est encore un fait important que je confie à votre mémoire, et auquel nous reviendrons. — Voilà donc Vigouroux reconnu ; mais en vérité, Messieurs, je ne puis me dispenser de vous rappeler comment deux fois tous les accusés se sont levés sans que la demoiselle Nicolas ait pu reconnaître Vigouroux. A la troisième, on a fait lever Vigouroux tout seul ; il a bien fallu le reconnaître. Je sais qu'elle a prétendu qu'elle l'avait pris pour un des gardes municipaux qui sont placés à côté de chaque accusé. Mais d'abord les gardes municipaux ne se levaient point, leur costume est fort différent, etc., etc. Ensuite, et ceci est un aveu précieux, ce n'est donc pas par sa figure mais par son habit qu'elle reconnaît Vigouroux. Si un homme en uniforme se trouve avec des hommes en habit bourgeois, c'est Vigouroux; s'il est mêlé à d'autres uniformes, elle ne sait plus le distinguer. Tout cela est naturel, et ne suppose pas la moindre mauvaise foi. Mlle Nicolas a vu un homme habillé en soldat le 6; un juge d'instruction lui présente plus tard un accusé en uniforme, ce doit être celui qu'elle a vu, et bientôt c'est lui-même, et elle n'en peut douter. Mais à l'audience, le moindre accident vient dissiper l'effet des premières illusions, et détruire l'édifice d'une chimérique conviction.

Je veux pourtant laisser quelque chose à l'accusation : Vigouroux a été bien et dûment reconnu, et j'adopte la déclaration des témoins dans toute leur étendue. Il en résulte deux choses, 1° on l'a vu avec un fusil, mais on ne l'a pas vu en faire usage; 2° on l'a vu toute la journée du 6. Qu'en peut-il résulter?

Messieurs, les termes de la loi criminelle sont rigoureux et ne peuvent être étendus. L'exécution ou la tentative seules peuvent constituer l'attentat (art. 88), c'est-à-dire qu'il doit y avoir acte consommé ou commencé, manifestation effective. On peut être porteur d'une arme, sans avoir intention d'en faire mauvais usage; absence de délit. On peut avoir une arme avec l'intention d'en faire un mauvais usage; ce n'est que velléité criminelle; encore absence de délit. On fait usage de son arme, mais le coup manque ou bien est écarté; tentative. Enfin le coup part et atteint son but, le crime est consommé.

Que faut-il donc pour commettre un attentat? Y prendre une part active. Consultez les dépositions des témoins, vos seules raisons de décider, et prononcez.

Veuillez m'excuser, Messieurs; j'ai abusé de vos momens pour combattre un fantôme; car je n'ai plaidé que sur les moyens de l'accusation. Nous avons une enquête à décharge pourtant, et l'on ne pourrait sans injustice la négliger. Elle ruine de fond en comble une accusation qui tombait d'elle-même, toute débile et inéficace à produire aucun résultat. Six à sept témoins ont été entendus devant les premiers magistrats et devant vous. Deux ont vu Vigouroux dans la maison rue des Gravilliers, n° 47, à dix minutes de distance de la maison rue Saint-Martin, n° 30, de huit à dix heures; un autre l'y a vu de onze heures à midi; deux autres de midi à une heure. Alexandre l'a vu dans la matinée sans préciser. Pilon a causé avec lui une heure ou deux dans la journée. La demoiselle Cincent l'a vu dans la soirée, de six à sept heures. Il était calme, sans armes; rien n'annonçait en lui la moindre disposition d'hostilité. Que deviennent donc les déclarations des témoins à charge devant ce faisceau de preuves? Comment Vigouroux a-t-il pu être vu en même temps, *toute la journée*, rue Saint-Martin, n° 30, et rue des Gravilliers, n° 47? Il est évident que les filles Nicolas et Morage se sont méprises, non sur le fait, mais sur la personne. Les témoins à décharge n'ont pu se tromper, eux, car ce sont ses voisins, et ils le connaissent depuis plusieurs mois.

« Mais, dit M. l'avocat-général, il a pu aller et venir. — Il a pu! Impossible : car un homme isolé, en militaire, dans ces lieux où stationnaient la garde nationale ou l'armée, aurait été infailliblement arrêté. Il serait donc allé à huit heures, pour être présenté à neuf heures et demie, en présence du prisonnier Claris; puis il serait rentré à dix pour retourner et rentrer à onze, pour retourner et rentrer encore à midi, puis à une heure. Et pourquoi tous ces voyages? En vérité, Messieurs, personne de vous n'y croira. M. l'avocat-général sait bien, d'ailleurs, qu'on ne constate pas des crimes par voie de supposition; il faut qu'ils soient prouvés d'une manière claire et positive, et votre conscience ne peut être satisfaite à si peu de frais.

— « Mais il n'y avait que Vigouroux du 62e à Paris — Il y en avait un second; mais qu'importe? Ce serait là juger par induction. N'a-t-on pas d'ailleurs vu, dans la barricade, un prétendu général; qu'est-il devenu? Eh! Messieurs, c'est qu'on n'y avait vu que son habit. Et ne vous représente-t-on pas un uniforme complet de capitaine de housards, évidemment sorti de quelque friperie. Franchement, quel est l'officier qui l'a porté? Qu'on ait vu une personne portant l'habit du 62e, qu'est-ce que cela peut prouver contre Vigouroux, surtout quand on sait que ce régiment est resté une année entière à Paris, il n'y a que quelques mois? Toutes ces apparences accusatrices s'évanouissent d'elles-mêmes et viennent se briser contre la réalité.

« Et qu'aurait pu aller faire Vigouroux dans la barricade? En pourait-on trouver une raison dans les faits qui ont précédé? Sa santé exige qu'il vienne à Paris; il obtient un congé de convalescence dans les premiers jours de mai et arrive à Paris. Il présente sa feuille de route le 4 juin à l'état-major, pour obtenir une carte de séjour. On le renvoie au six. Il prétend être allé le matin six à l'état-major, et son permis est au effet daté de ce jour. Les journées de juin se passent sans inquiétude pour lui; il continue à donner des soins à sa santé, et le 4 juillet, dans la sécurité de son innocence, il demande et il obtient une prolongation de délai. Il devait partir le 8 août; mais le 7 il est arrêté; le 7 seulement, Messsieurs!.., Lui seul de tous les accusés, il n'a point été saisi sur les lieux. Comment donc aurait-il pu s'échapper, sans être vu, sans avoir emporté, aucune trace de poudre aux mains, à la figure, sans que personne dans la maison qu'il habite, ait jamais pu le soupçonner? Pourquoi est-il sur ces bancs plutôt que toute autre personne présente en cet auditoire? Quel est celui de nous qui établirait mieux que lui sa non culpabilité? Et vous donc, Messieurs! dites, si vous l'osez, que l'armée aussi a eu son représentant dans les barricades; frappez de mort... ou plutôt écartez, en hommes éclairés, les préjugés fâcheux dont l'accusation vous obsède, et conservez à la patrie un brave défenseur et un bon citoyen.

Me Syrot plaide pour Métiger et Fourcade; Me Rouchier, pour Boulay; Me Trinité, pour Dumineray; Me Lafargue, pour Conilleau; Me Lévêque jeune, pour Grimbert; Me Durand de Saint-Amand, pour Gentillon; et Me Wollis, pour Coiffu.

Me Sebire, avocat de Renouf, combat les divers chefs de l'accusation qui pèsent sur son client; il s'élève surtout contre les témoins produits dans la cause actuelle, après avoir servi par leurs dépositions dans d'autres affaires à faire condamner d'autres accusés. « Ceci me semble peu moral, a dit l'avocat, et rappelle d'ailleurs une funeste époque de l'histoire d'Angleterre, où les mêmes témoins se produisaient dans chaque cause, et servaient à obtenir des condamnations capitales, contre les meilleurs citoyens; il serait peut-être de la dignité de la justice d'éviter tout ce qui pourrait prêter à de pareils rapprochemens.

« Ce qui reste aujourd'hui de ces funestes évènemens, ce sont des accusations capitales qui ont pesé et pèsent encore sur un grand nombre de citoyens; ce sont des larmes et le deuil pour les nombreuses familles de ceux qui, des deux parts, ont trouvé la mort à ces sanglans combats des barricades....

» Et cette lutte funeste, ne pouvait-on donc pas l'éviter?

« Oui, Messieurs, on le pouvait, et je reproche à l'autorité de ne pas l'avoir même tenté; car le pays a le droit de lui demander compte du sang si précieux répandu dans ces déplorables journées.

« On pouvait empêcher les combats des barricades.

« Supposez, en effet, qu'au lieu d'envoyer, le mercredi matin, des troupes et des gardes nationaux à l'attaque de ces barricades, qu'on avait d'ailleurs eu le soin de respecter toute la nuit, supposez que les douze maires de Paris, que le conseil municipal s'y fussent présentés revêtus des insignes de leurs fonctions, qu'ils eussent interposé leur autorité paternelle, qu'ils eussent fait entendre des paroles de paix et de conciliation, c'était là leur devoir; et s'ils l'eussent rempli, croyez-vous que leur voix eût été méconnue? croyez-vous qu'ils n'auraient pas ramené ces jeunes gens égarés... Un citoyen honorable, témoin à charge dans cette cause, M. Bucaille, vous a dit qu'il avait harangué quelques-uns des insurgés, et qu'à sa voix plusieurs d'entre eux, ébranlés par ses justes remontrances, avaient rendu leurs armes, et s'étaient retirés du lieu du combat. Si un simple citoyen, qui n'avait pour lui que sa parole d'honnête homme, a pu produire un tel résultat, jugez de l'effet produit par la présence et les représentations paternelles des magistrats municipaux..... Oui, je n'hésite pas à le dire, on eût évité cette sanglante collision.

« Et vous n'auriez pas à prononcer dans ces pénibles débats, et le pays n'aurait pas à pleurer sur la mort des généreux citoyens tombés de part et d'autre dans ces sanglans combats.

« Et moi, Messieurs, moi défenseur de Renouf, je n'aurais pas à pleurer sur la mort d'un ami, du mari de ma sœur, frappé de mort dans les rangs des gardes nationaux à l'attaque de ces barricades! et ma sœur ne serait pas veuve, et ses enfans ne seraient pas orphelins!

« Notre tâche s'achève, Messieurs les jurés; et vous pouvez juger si, pour moi surtout, elle fut pénible et douloureuse! Ah! que n'ai-je pu m'y soustraire! Mais Renouf invoquait mon assistance; il m'affirmait n'avoir pris aucune part à ces sanglans combats!....

« Et puis d'ailleurs n'a-t-il pas coulé assez de sang dans ces funestes dissensions civiles!....

« Oui, Messieurs les jurés, ma conscience me le dit, je sers et j'honore plus la mémoire de mon malheureux frère en me plaçant entre l'accusation et les victimes qu'elle réclame, que je n'aurais pu le faire en jetant à ses mânes sanglans une tête tombée de l'échafaud. »

M. le président. - Nous allons lever l'audience, et la renvoyer à ce soir six heures.

Un juré. M. le président, nous sommes bien fatigués, nous desirerions plutôt que l'audience fût renvoyée à demain. Vous-même, M. le président, devez être fatigué.

M. le président. Sans doute; mais je sais que pour demain des causes sont indiquées, et qu'il y a des accusés qui ont besoin d'être jugés.

Jeanne. M. le président, un de MM. les jurés vient de dire qu'il était indisposé et de demander la remise à demain, nous le demandons également. Cette affaire est grave, il y va de la tête de vingt-deux hommes, et le jury ne saurait trop avoir de repos pour délibérer dans le recueillement qu'exige une pareille accusation.

M. le président. Plusieurs de MM. les jurés desirent que la séance soit renvoyée à ce soir.

Un juré. J'éprouve de violentes coliques, et je sens qu'il me serait impossible de revenir ce soir.

M. le président. La séance est levée, et renvoyée à demain, neuf heures très-précises.

Au rédacteur de LA TRIBUNE

Monsieur,

En lisant votre estimable journal, défenseur intègre de nos intérêts populaires, nous avons remarqué dans l'affaire de Saint-Méry (5 et 6 juin) la déposition du sieur Dufour, se disant confiseur. Cette dénomination laisserait à supposer qu'il est, comme nous, libre de sa conscience et de tout engagement.

Mais comme sa déposition est une des plus importantes, en ce qu'elle est venue à l'appui d'un fait contredit par tant de gens dignes de foi, nous avons cru devoir faire connaître au public que le sieur Dufour a eu tort de se dire d'une profession qu'il n'exerce plus depuis deux ans et demi; il aurait dû énoncer au tribunal celle qu'il exerce maintenant. s'il n'a pas à en rougir; appelé à dire la vérité sur autrui, on ne doit pas la déguiser sur soi-même.

Avant les trois jours, le sieur Dufour cherchait modestement son existence dans l'innocent commerce de la contrebande, qu'il faisait aux barrières de Paris. La révolution l'a retiré de cet état, et les circonstances l'ont sans doute placé dans un autre, peut-être pas plus honorable, du moins plus productif que celui de contrebandier. Telle est l'opinion la plus accréditée parmi ses anciens camarades. Quoi qu'il en soit, nous attestons qu'il ne fait plus l'état de confiseur. Il figure dans toutes les émeutes. Quel rôle y joue-t-il? Nous l'ignorons, nous, qui ne les fréquentons pas, mais c'est à la suite de ces orages politiques qu'a succédé la pluie de croix et de récompenses, et, comme tant d'autres, il s'est trouvé sous la gouttière....... Il est décoré de la Légion-d'Honneur.

Nous savons que le sieur Dufour ne fait rien; nous ne demandons pas qui le paie......... Mais nous désirons savoir dans quelle maison il exerce la profession de confiseur?

Nous vous prions d'insérer ces renseignemens dans votre plus prochain numéro, et d'agréer nos salutations sincères.

GILLES, décoré de Juillet, aux Deux Écus; BARBIER; CANAL, aux Nouveaux amis; LACROIX, à la Pomme d'or; BERRIER; COLLIN; A. BESSIN; BLANC; ED. DELALANDE; GRANDSIRE; GILLE, à la Pomme d'or; J. THIOT, au Fidèle Berger, rue des Lombards; AZA; GRIEUMARD, aux Nouveaux Amis; BOZON, au Chat noir; Jacques DEBIESSE, qui pourrait au besoin donner d'autres renseignemens sur la probité du sieur Dufour; BIZOT; PAGEL.

NEUVIÈME AUDIENCE. (31 OCTOBRE.)

A neuf heures et demie l'audience est ouverte. M. le président demande aux accusés s'ils ont quelque chose à ajouter à leur défense; tous répondent négativement; Jeanne dit : « Après l'éloquente plaidoirie de mon défenseur, je n'ai plus rien à ajouter. »

M. le président prononce la clôture des débats qu'il résume.

La lecture est ensuite donnée des questions soumises au juri; elles sont au nombre de 44. A onze heures les jurés entrent dans la chambre de leurs délibérations.

L'affluence de monde, déjà considérable depuis l'ouverture des débats de cette grave affaire, s'est accrue encore à l'approche du dénoûment : la salle est encombrée dans toutes ses parties.

A quatre heures et demie, les jurés rentrent de la chambre de leurs délibérations, et le chef du juri fait connaître les réponses, au milieu du plus profond silence.

Quinze accusés déclarés non coupables sont acquittés; ce sont les nommés Fournier, la demoiselle Alexandre, Mulette, Brunel, Métiger, Fradelle, Coiffu, Bouley, Renouf, Conillean, Duminceray, Falcy, Maris, Gentillon et Grimbert. Tous paraissent tranquilles. La demoiselle Alexandre est pâle, tremblante, elle peut à peine se soutenir, et prévoyant sans doute qu'un sort différent est réservé à Rossignol, nous l'entendons à voix basse murmurer son nom et se plaindre.

On fait sortir ces accusés. Les autres sont introduits; il s'avancent d'un pas ferme; Jeanne est à leur tête; les autres sont : Rossignol, Goujon, Rojon, Vigouroux (soldat au 66e) et Fourcade.

En ce qui les concerne, voici le résultat des réponses du juri.

Jeanne est déclaré coupable d'attentat ayant pour but de renverser le gouvernement du roi, d'exciter les citoyens et habitans à s'armer les uns contre les autres et d'exciter les habitans et citoyens contre l'autorité royale, mais avec des circonstances atténuantes; il est est également déclaré coupable d'avoir attaqué, avec violence et voies de fait et en réunion armée de plus de vingt personnes, la force publique agissant pour l'exécution des lois.

Rossignol, Rojon, Goujon et Vigouroux, sont également déclarés coupables de ce dernier crime, mais le juri reconnaît qu'il existe des circonstances atténuantes en faveur de Rossignol, de Goujon et de Vigouroux.

Ils sont, ainsi que Jeanne, déclarés non coupables sur toutes les autres questions.

Quant à Fourcade, il est seulement déclaré coupable d'avoir pillé une propriété mobilière appartenant au sieur Parmentier, mais sans que ce pillage ait été commis en réunion ou bande et à force ouverte.

M. l'avocat-général Delapalme requiert contre ces accusés l'application des dispositions de la loi pénale.

Jeanne et son conseil gardent le silence ; Me Saunière, avocat de Rossignol, se lève, sa voix est émue, entrecoupée, il s'efforce de comprimer la douleur qui le presse, et profère quelques paroles que nous pouvons à peine entendre. « Si je n'étais que le conseil, dit-il, de Rossignol, je ne viendrais pas en son nom solliciter l'indulgence...

Jeanne, à demi-voix à Rossignol : Eh quoi ! de l'indulgence !

Rossignol : C'est l'amitié de Saunière qui... Puis s'adressant à Me Saunière : Saunière ! mon ami...

Me Saunière : Laisse-moi, je ne dirai rien qui soit indigne de toi.

Rossignol : Je le sais bien ; mais...

Plusieurs avocats forcent Rossignol à se taire.

Me Saunière, d'une voix profondément émue :

Messieurs, si j'avais consulté Rossignol, il n'aurait pas manqué d'imposer slience à son défenseur ; il aurait certainement imité le courage de Jeanne et se serait abstenu de réclamer la moindre part de votre indulgence, mais une autre sollicitude me domine ; c'est celle de l'amitié que j'ai vouée à Rossignol depuis bien des années.... .

Rossignol. Saunière, mon ami, je t'en supplie ; pas de grâce, pas d'indulgence...

Me Saunière. Sois tranquille, je ne prononcerai pas une parole qui soit indigne de ton caractère.....

Messieurs, reprend l'avocat, le devoir de Messieurs les jurés est accompli, et le vôtre va commencer maintenant : la loi vous a donné une latitude immense pour l'application de la peine ; et vous pouvez, d'infâmante quelle serait d'abord, la réduire à un simple emprisonnement : MM. les jurés ont reconnu qu'il existait en faveur de Rossignol des circonstances atténuantes ; c'est-à-dire qu'ils ont proclamé que, si on pouvait lui reprocher un moment d'égarement, il y avait eu dans sa conduite assez de noblesse et assez de fermeté pour que le blâme en fût diminué. Non ! croyez-en la voix d'un ami qui a su apprécier le cœur de Rossignol, cet accusé n'a pas mérité l'infâmie ; c'est en mon nom personnel, c'est dans l'intérêt de sa famille et de ses nombreux amis que je réclame l'indulgence qu'il repousse. Vous écouterez mes accens.....

Ces paroles, entrecoupées de quelques sanglots, ont produit sur l'auditoire une impression profonde. Magistrats et jurés, tout le monde paraissait attendri.

Rossignol. Je suis extrêmement sensible à l'amitié de mon défenseur, de mon camarade d'études; il a pris mes intérêts, il a demandé l'atténuation de ma peine; c'est une tâche de l'amitié qu'il a remplie: mais je vous prierai de remarquer la position où je me suis trouvé. Si, comme l'a dit mon défenseur, j'ai une tête forte, un jugement élevé, mon défenseur m'a beaucoup flatté, mais du moins je crois qu'on m'accordera un peu de jugement; si donc seulement on m'en accorde un peu, ma place aux barricades devait être marquée; j'étais innocent ou coupable: et on ne devait pas venir perfidement me jeter à la tête des circonstances atténuantes. Il fallait.....

M. le président. Vous ne pouvez pas parler sur la déclaration du juri.

Rossignol. Je me résume. La cour doit, sans avoir égard à des considérations personnelles, m'appliquer la peine suivant la prescription de la loi; je ne demande et ne desire obtenir aucune faveur.

Me Sirop, défenseur de Fourcade, expose que, le juri ayant écarté du pillage les circonstances de bande et de violence qui le constituent, le délit tombe, et que Fourcade doit être absous, car l'enlèvement du fusil de Parmentier, reproché à l'accusé; n'a eu lieu avec aucune circonstance de fraude ou de filouterie qui puisse le faire considérer comme un vol.

La cour se retire pour en délibérer. La sœur de M. Rossignol se précipite au banc des accusés, entre les bras de son frère, en s'écriant: Les lâches! ils m'enlèvent mon frère! Des armes! Des armes! rendez-moi mon frère!

Elle tombe évanouie. On l'emporte de l'audience, une vive agitation se manifeste et les gardes municipaux courent à leurs armes. Bientôt le calme se rétablit.

La mère de Jeanne, qui a constamment suivi les débats, a montré un courage digne de son fils. Malgré de pressantes sollicitations, elle est restée dans l'enceinte; calme et l'œil sec, elle a entendu le verdict du juri, et pendant la délibération de la cour elle est allée serrer son fils dans ses bras.

Me Marie. Jeanne, vous feriez peut-être bien de détacher votre décoration, pour qu'on ne vous l'ôte pas tout-à-l'heure.

Jeanne. S'ils m'ôtent ma croix, la France me la rendra.

Après trois quarts-d'heure de délibération, la cour rentre en séance, condamne Jeanne à la déportation, Rossignol, à huit années de réclusion Goujon et Vigouroux à six années de la même peine, Rojon a dix ans de travaux forcés sans exposition, et Fourcade à cinq ans de prison et dix ans de surveillance de la haute police.

Tous les accusés ont constamment montré la même impassibilité pendant le cours des débats.

M. le président ordonne de faire retirer les accusés. On leur presse les mains sur leur passage. Le jeune soldat Vigouroux dit à ses amis en leur serrant les mains : *Ce n'est rien que cela, nous nous reverrons aux barricades!*

La mère de Jeanne s'avance pour embrasser une fois encore son fils. — Un gendarme l'arrête. — Mais je suis calme, dit-elle, j'ai assez de courage pour supporter mon malheur; laissez-moi embrasser mon fils. — Le gendarme la laissait passer, lorsque survint un garde municipal qui s'écria : Non! non! madame, c'est impossible! notre consigne nous le défend! — Ses instances furent inutiles, et cette pauvre mère ne put en se retirant recevoir de son fils qu'un adieu de la main!

— Joseph Fradelle, défendu par Me Adolphe Pelleport, a été acquitté. Ce jeune homme, qui a l'air d'un enfant, intéressait tout l'auditoire Nous devons. l'avouer, Me Pelleport a combattu avec avantage les moyens invoqués par M. l'avocat-général. Il a fortement ému l'auditoire; sa péroraison a fait couler des larmes et lui a mérité quelques applaudissemens. Nous le félicitons de cet heureux début. Quand il eut fini de parler, M. Fradelle père est allé l'embrasser avec l'expression de la plus vive reconnaissance.

RÉSUMÉ DU PROCÈS.

Le procès de la barricade Saint-Méry est jugé, et l'on a pu voir, par le résultat, que certains journaux, prophètes de mort, s'étaient trop empressés de crier victoire.

Selon les hommes du pouvoir, les évènemens de la Bastille étaient les effets d'une vaste conspiration; la force militaire n'avait joué qu'un rôle purement passif, et ces hommes qui, pendant vingt-quatre heures, ont lutté contre elle, n'étaient que des factieux mis en jeu par des chefs républicains.

Des conspirations! Depuis quatre mois la justice militaire, la justice civile instruisent. Des milliers de témoins ont été interrogés; tout le ban et l'arrière ban de la police secrète, ou patente, a été mis en mouvement. Eh! bien, qu'a-t-on découvert nous ne dirons pas qui soit une conspiration mais qui y ressemble. Rien. Dans toutes les accusations soulevées jusqu'ici, et notamment dans la dernière, le ministère public a été forcé d'en convenir, il a été impossible, non seulement d'éclairer, mais de *poser* même une question de complot; et pourtant, pour poser une question, on n'y regarde pas ordinairement de si près. Que conclure de là? Que les évènemens ne sont dus qu'à une cause purement accidentelle.

Soit, dira-t-on peut-être; mais cette cause accidentelle, c'était une cause séditieuse; en fait, des anarchistes se sont mêlés au cortége. Qu'ils aient ou non comploté, l'effet est le même. Des anarchistes! il y en avait, dit-on, que sont-ils donc devenus? La justice a jugé beaucoup d'hommes entraînés qui ont été convaincus d'avoir, dans la soirée du 5 et dans la journée du 6, fait des barricades et tiré des coups de fusil. Mais ces désorganisateurs en chefs qui se glissaient dans les rangs de la garde nationale; ces excitateurs qui promenaient à pied ou à cheval un drapeau rouge; qui présentaient à Lafayette le bonnet phrygien pour qu'il eût à le bénir; ces anarchistes, en un mot, que l'on a vus en effet roder sur la place de la Bastille et ailleurs, la justice, ce nous semble, n'a pu s'en emparer encore; ils ont échappé à ses investigations malgré la surveillance de la police.

Mais voici bien une autre affaire. Vingt-deux hommes sont traduits comme coupables d'attentat. Un d'eux, Jeanne avoue tous les faits avec une énergie antique. Oui, dit-il, j'ai pris les armes, mais j'ai été provoqué par la force militaire qui a chargé sur une foule inoffensive; ma défense était légitime. On m'impute une faute, un crime, mais la faute, le crime de l'autorité chargée de maintenir l'ordre atténuent les miens. Et le débat s'engage sur ce système, et il est démontré qu'en effet les dragons ont chargé sur une foule inoffensive, qu'il y a eu des gardes nationaux blessés, que tous ces citoyens enflammés de colère ont tiré leurs sabres, crié aux armes, à la trahison, qu'ils auraient même combattu la force qui les attaquait, si, par malheur, ils avaient été armés.

Le jury, témoin de ces débats, comprend alors l'irritation, la juste colère de Jeanne; il admet sa défense, et reconnaît qu'il existe des circonstances atténuantes. Des circonstances atténuantes! remarquez-le bien. Jeanne ne trouvait ces circonstances que dans la charge des dragons sur une foule inoffensive placée sur le boulevart Bourdon.

Mais, s'écrie-t-on, les dragons eux-mêmes, avant d'arriver au boulevart Bourdon, ont été attaqués, tués, entendez la déposition des officiers. A cela nous répondrons ce que Me Marie a déjà répondu d'une part. Cette enquête, faite par le président des assises, dans l'intérêt de l'autorité, n'a pas jusqu'ici été contradictoirement faite, la défense elle-même a protesté en déclarant qu'elle ne voulait pas s'immiscer dans de pareils débats. Il n'y a donc aucune conséquence à tirer d'une pareille enquête, et le fait de provocation contre les dragons est encore à établir.

Mais, d'autre part, qu'importe que ce fait soit établi? Il expliquera bien la colère des dragons au moment où ils débouchent sur le boulevart Bourdon, mais cette colère, quel qu'en soit le motif, légitime ou non, n'excusera jamais la charge faite sur une foule d'hommes inoffensifs, qui ignoraient tout ce qui a pu se passer sur un autre théâtre.

On a bien cherché à faire croire que l'action contre les dragons s'est continuée même sur le boulevart; mais toutes les tentatives à cet égard ont été impuissantes devant le juri. Des hommes de sens ne pouvaient expliquer l'indignation de la garde nationale qu'en admettant une injuste agression de la part de la force militaire, et c'est ainsi qu'il l'ont expliquée.

Telles sont les vérités qui résultent du procès Jeanne; l'avenir répandra peut-être de plus vives lumières sur les causes générales et premières de ces tristes scènes.

OPINIONS DES JOURNAUX.

TRIBUNE.

Le procès du cloître Saint-Méry est terminé : l'opinion peut parler après la défense ; elle est aussi juge de l'arrêt.

Quinze accusés ont été acquittés, six sont condamnés à des peines infamantes. L'accusation n'a donc rien obtenu de ce qu'elle demandait. Cependant ne lui a-t-on pas trop accordé encore?

Jeanne, au cœur si noble, au courage si dévoué, trop franc pour se déguiser, trop fier pour mentir, Jeanne, homme du peuple, se battant parce qu'il s'est cru provoqué, Jeanne est condamné à la même peine que Polignac!

Nous respectons la décision du juri : mais pourtant qu'aurait-il pu répondre si les accusés avaient nié sa compétence?

Car enfin la loi, qui est toujours prête quand il faut frapper ces hommes du peuple, toujours menteuse quand elle parle de les protéger, le loi ne leur promettait-elle pas qu'ils seront jugés par leurs pairs.

Mais leurs pairs, quels sont-ils? Ce sont ces hommes qui chaque jour travaillent, et chaque jour voient leur travail infécond! Ce sont ces prolétaires répandus dans tous les ateliers, dans les campagnes ou dans les villes, notamment les plus actifs de ce qu'on nomme civilisation, hommes que vous retrouvez partout où il y a une fatigue à subir, une douleur à supporter, exclus de partout où il y a un avantage à recueillir! Malheureux que la nuit n'endort pas et à qui le jour ne laisse jamais de repos!

Leurs pairs, ce sont aussi ces artistes qui ont de grandes pensées inutiles, des conceptions puissantes qui se consument dans le foyer qui les produit.

Voilà par qui ces hommes auraient dû être jugés! A ceux-là Jeanne aurait pu se révéler tout entier; à ceux-là il aurait pu redire ce qu'il a déclaré aux débats, que sa conduite ne lui causait pas le plus léger repentir.

Non pas qu'il eût voulu se faire apôtre de guerre civile ou prédicant d'insurrection.

Mais qui aurait osé le condamner parmi ceux qui ont vu de près les misères du peuple? Qui aurait pu flétrir parmi ceux qui comme lui réclament un état social qui ne soit pas sans pitié pour les plus malheureux et les plus pauvres!

Vous vous étonnez qu'ils s'agitent au moindre bruit, qu'ils soient toujours prêts au plus léger signe! Et quel cas voulez-vous qu'ils fassent de cet *ordre* que vous leur vantez et qui les tue?

Quand un cri de guerre se fait entendre, où voulez-vous qu'ils se trouvent? Parmi vos défenseurs, à vous qui n'avez rien fait pour cela? rien! Et eux vous ont tout donné; en juillet, ils ont trempé votre couronne de leur sang; ils ont appuyé votre pouvoir sur leurs cadavres.

Vous leur avez trouvé du courage! Fort bien; mais ne leur aviez-vous rien promis; et, de bonne foi, qu'avez-vous tenu? Oh! sans doute l'insurrection est une chance hasardeuse. Elle est un malheur, elle est un crime, quand la victoire ne la suit pas. Et il faut bien le dire avec douleur en jetant un regard sur le passé: le peuple a presque toujours eu tort de prendre les armes, car la victoire même lui profite peu!

Mais au moins que ceux qui le tiennent dans son état d'ilotisme ne s'étonnent pas si, toujours déçu, il est toujours plein d'espérances pour un meilleur avenir.

Faire la guerre à ses concitoyens est horrible! La loi punit et doit punir ceux qui les premiers attaquent sans justice, sans raison!

Mais il faut y penser aussi, il y a une guerre lente, sourde, dévorante, qui chaque jour fait ses ravages; guerre désastreuse qui a la faim pour auxiliaire, et dont les morts ne sont pas comptés; car ils sont frappés à petit bruit, en mille endroits différens, guerre qui a commencé par l'usurpation, qui se continue par égoïsme, qui sème la douleur et le désespoir; guerre affreuse, qu'une portion de la société fait incessamment à l'autre; guerre d'autant plus cruelle qu'on la nie, qu'on refuse de la calmer ou de l'éteindre.

C'est celle-là qui aurait dû entrer pour quelque chose dans la conviction des jurés. Mais leur conscience n'en pourrait être émue puisqu'ils la font peut-être eux-mêmes sans le savoir, puisqu'ils en avaient sous les yeux les victimes sans les comprendre.

Et pourtant, comment juger quand on ne comprend pas!

Je sais bien qu'ils étaient là constitués par la loi, et la loi oblige! Oui sans doute il le faut; c'est nécessaire au repos de tous.

Mais encore ici descendez au fond des choses. Cette loi qui doit être l'expression de la volonté générale a été faite par les mêmes hommes qui jugent, qui gouvernent, et sans que les prolétaires y soient pour rien.

Ah! que ceux-ci ne descendent plus en insensés sur la place publique. Ils voient quelles forces les y attendent, quelles faibles sympathies les y suivent! Qu'ils demeurent calmes, qu'ils aient le courage de la patience, bien plus grand encore que celui du combat à main armée.

Ce n'est pas pour eux que nous écrivons; c'est pour d'autres. Nous n'avons pas besoin de découvrir les plaies à ceux qui les sentent et qui souffrent. Nous demandons merci pour eux à ceux qui détournent les yeux de peur de s'attendrir au mal qu'ils font!

Encore une insurrection vaincue et jugée! Encore des hommes de cœur envoyés au bagne.

Combien faudra-t-il donc de ces affreux déchiremens pour que le pouvoir soit averti? Il parle de ses majorités et de ces divisions étroites, et de ses expéditions burlesques.

C'est ici, c'est en bas qu'il faut regarder. Vous cherchez du dévouement: appelez celui qui surabonde dans ces cœurs! Vous voulez des convictions: attachez-vous celles dont l'expression vous cause tant de surprise! Vous voulez être défendu: méritez donc de tels courages!

Le peuple! le peuple! allez à lui, si vous voulez qu'il aille à vous.

Oui, je respecte la conscience de ces juges! Mais je plains bien ceux qui n'ont vu dans ce procès que des prévenus et des magistrats, tandis que la question sociale y était palpitante.

(LE TEMPS.)

Aujourd'hui s'est terminé le procès des accusés du Cloître Saint-Méry. A mesure que l'on s'éloigne de ces pénibles souvenirs, l'irritation fait place au calme de la justice. Les jugemens ne portent plus ce caractère de représailles et de haine dont il était peut être difficile de se dépouiller à l'issue du combat. On assure que le juri n'a point été unanime; quelques voix se sont prononcées pour un acquittement général; la majorité a voulu du moins concilier l'humanité avec un devoir rigoureux.

La cour avait posé 84 questions; un grand nombre emportaient la peine capitale. C'est l'intervention des circonstances atténuantes qui a permis de choisir entre les sévérités d'une loi digne des temps barbares. Cet homme énergique et si noble dans la franchise de ses aveux, Jeanne, qui commandait la barricade, est condamné à la déportation; Rossignol à 8 ans de réclusion; deux accusés à 6 ans, un autre à 5 ans de prison, un seul à 10 ans de travaux forcés; quinze accusés sont acquittés.

Nous voyons à regret dans l'arrêt de la cour d'assises quelques traces de ce système de flétrissure que l'on applique depuis longtemps aux délits politiques, comme s'il dépendait du pouvoir de tuer les opinions ou de les noter d'infamie. A la vérité, les condamnés aujourd'hui sont dispensés de subir l'exposition. Mais un de ces malheureux est destiné au bagne; il valait mieux l'envoyer à l'échafaud.

Quand nous demandons que les hommes surpris dans une émeute, accusés de complot contre l'état, ou qui ont eu part à une révolte, ne soient pas traités ainsi que des voleurs ou des assassins, ce n'est pas seulement un vœu d'humanité, un cri d'équité; nous signalons un danger social.

En cherchant à dégrader des adversaires politiques, le pouvoir arrive à un résultat bien opposé; il relève les peines de leur flétrissure, lorsqu'il les fait retomber sur des hommes qui ont le plus souvent à leurs propres yeux et devant leur parti l'excuse d'une conviction. Avec un pareil système, on a déjà réhabilité l'échafaud, où personne, après Louis XVI, Malesherbes, Chénier et Berton, ne rougirait maintenant de monter pour un principe ou pour une idée; il était réservé aux ministres de la révolution de réhabiliter le bagne.

N'est-ce pas une perspective effrayante? Les galères étaient le signe et le type de l'infamie, et l'on se blaserait sur les galères! Prenez la société telle qu'elle est encore; on a horreur d'approcher un forçat; un forçat libéré ne trouve nulle part du travail ni du repos; la société le repousse, il faut qu'il revienne à ses habitudes de crime.

Combien de temps durera cette exclusion? Ne sera-t-on pas obligé bientôt d'inventer une peine particulière aux malfaiteurs, si les opinions vont au bagne? Sera-ce toujours un déshonneur que d'avoir vécu aux galères, si le bagne est peuplé d'hommes qui n'avaient point commis de crime social, mais seulement des délits d'opinion? Une partie de la distance qui sépare l'honnête homme du forçat n'a-t-elle pas été comblée, le jour où l'on a condamné aux galères un soldat coupable d'insubordination? Et maintenant, l'opinion qui triomphe pouvant succomber, qui osera dire avec quelque conscience de son avenir : « Je n'irai point aux galères »?

Déjà les forçats sont partout. Ils dirigent une partie de la police; ils se mêlent de la police politique comme de la police de sûreté; ils font le coup de feu dans les rues pour ou contre l'ordre public; ils déposent dans les procès, figurent dans les émeutes, vont se joindre aux bandes de la Vendée, et forment une partie notable de la population de la capitale. On en voit qui font des spéculations; d'autres qui possèdent, certains qui publient des mémoires: ils vivront bientôt comme tout le monde. Ce qui est dès aujourd'hui certain, c'est que, grâce au Code pénal si sévère pour les délits politiques, la société se divise en gens qui ont été forçats, en gens qui le sont, et en gens qui peuvent l'être. Il n'y a pas d'exception pour les honnêtes gens; c'est la chance commune, il suffit d'être au nombre des vaincus.

AFFAIRE DE LA BARRICADE SAINT-MÉRY.

AUX 5 ET 6 JUIN.

(LE BON SENS.)

Nous regrettons que les bornes trop étroites de notre journal ne nous permettent point de nous étendre sur la déplorable affaire qui vient d'occuper durant neuf jours entiers la cour d'assises de la Seine. Les accusés étaient au nombre de 22 : c'étaient ceux des insurgés des 5 et 6 juin qui avaient défendu, jusqu'à la dernière extrémité contre la ligne et la garde nationale, la barricade de la rue Saint-Méry.

La défense a prouvé victorieusement que les accusés n'avaient voulu prendre les armes que pour repousser ce qui leur paraissait une agression. Les dépositions de la grande majorité des témoins, notamment dans l'audience du 26 octobre, tendent à démontrer que la multitude présente au convoi du général Lamarque avait dû croire à une provocation de la part de la troupe, et que l'insurrection qui termina si malheureusement les magnifiques funérailles du général patriote n'était qu'une défense et n'était point une attaque.

On sent que cette hypothèse, si elle était démontrée, changerait du tout au tout la position des choses. Le devoir strict du gouvernement était de découvrir la vérité par une enquête; sans une enquête complète et authentique, les procédures perdent moralement la plus grande partie de leur valeur. L'accusation, à ce premier désavantage, n'a pas craint d'en joindre un autre : elle a laissé planer constamment sur les débats la supposition fort gratuite, mais certainement fort influente sur la conscience du jury, d'un complot dont rien ne prouve la réalité, et qui aurait préparé les journées de juin.

M. Jacquinot-Godard, président de la cour et frère d'un procureur-général de la restauration, si célèbre par son fanatisme politique, M. Jacquinot-Pampelune, n'a pas su toujours renfermer l'accusation dans les bornes loyales qu'elle ne doit jamais franchir.

Du côté des accusés, les débats ont eu du moins cette franchise qu'annonçait le courage déplorablement héroïque qu'ils avaient montré durant la lutte. Tous étaient hommes du peuple et prolétaires; mais parmi eux un grand caractère s'est montré, un de ces caractères qui honorent et celui qui a le bonheur d'en être doué et l'on peut dire l'humanité entière; et celui de Jeanne, personnifiant en quelque sorte toutes les vertus et toute la grandeur du peuple. Soldat dès l'âge le plus tendre pour repousser l'invasion ennemie, combattant et blessé de Juillet, sauveur magnanime, dans les trois jours, d'une troupe de vaincus, ne prenant les armes au 5 juin qu'après avoir vu tomber à ses côtés deux de ses amis inoffensifs et sans défense; Jeanne a été condamné à la déportation, c'est-à-dire à une réclusion perpétuelle, où le suivront l'estime de tous et la sympathie du grand nombre.

Un autre accusé, Rojon a été condamné à la peine infâmante des galères. De semblables châtimens pour crimes politiques sont une honte, non pour celui qu'ils atteignent, mais pour la société barbare et aveugle qui les inflige.

Nous devons espérer que la chambre dès ses premières séances, et à l'occasion de l'adresse, saura jeter quelque lumière sur les événemens de juin et les désastreux procès qui en ont été la suite.

TEL FILS ! TEL MERE !

Jeanne devait porter la parole, mais comme il est d'usage, lorsqu'un accusé est sous le poids d'une peine capitale et qu'il veut prononcer sa défense, son avocat se la fait communiquer pour qu'il ne compromette point sa cause par un discours ou une improvisation, et cela dans son intérêt.

Madame Jeanne, fière d'être la mère d'un si noble accusé, craignant que les inspirations de son fils ne fussent sensurées, et connaisant ses moyens simples mais *éloquens*, eut peur qu'on ne lui imposât un discours de forme; elle lui écrivit donc une lettre, pendant la cinquième audience, n'ayant point encore assisté elle-même a aucune.

C'est cette lettre reproduite ici que j'ai copiée textuellement sur l'original, c'est un hommage patriotique rendu au héros de la barricade Saint-Méry que de retracer les lignes d'une mère dont il doit s'honorer.

Cette lettre fut recueillie par un sincère ami de la famille de Jeanne, à qui on l'avait dérobée durant son trouble à la cour d'assises, au pied de son banc; cet ami en possède encore d'autres de madame Jeanne, il les conserve comme des morceaux d'éloquence dictés par la tendresse d'une mère; enfin cette lecture honorerait les cœurs maternel, s'il n'existait pas de méchans!... Que l'on en juge par celle-ci, car elle est la plus simple.

R.-G.

Femme de l'Éditeur.

27 octobre 1832.

Mme JEANNE A SON FILS.

Ta mère *va t'entendre* aujourd'hui et tout le reste de la plaidoirie.

Tu n'as encore rien emprunté à personne de ce que tu as a prononcé;

La personne qui étudie un discours ne peut ce pénétrer de l'émotion que recent au fond du cœur celle qui ne parle que d'après ces convictions.

Je rends la plus grande justice aux bonnes intentions de M P. et autres.

La crainte de te voir échouer les fait douter de tes moyens, mais moi je les connais !... du moins j'en connais assez pour savoir ce dont tu es capable!... Une injuste défiance de toi-même, dans ce moment suprême, serait une tache à une si belle *réputation, défend* ton bon *droit*, fait connaître autant qu'il sera en ton pouvoir que tu étais dans le cas légitime *défense*, soit simple et *généreux*, ménage tes *ennemis* le plus qu'il te sera possible, mais le *comble* à mon *bonheur*, que j'entende l'*opinion publique* dire il a été aussi *grand* dans sa défaite que *brave* dans le péril.

Que ton ame s'élève à la *hauteurs* de tes action ; ah ! si tu savais combien je suis fière de t'avoir donné le jour, ne *crains* pas de *faiblesse* de ma part, quelque chose qui *arrive*, si tu peut me voir *fixe* mai sans *crainte* ta *grande* ame a le don d'élever la mienne, et si tu me voyais répandre des larmes dit toi : elles ne sont causées que par une douce émotion.

Adieu! le plus *chéri* des êtres ! VA ! quoique séparée de toi ! mon cœur ne te quitte pas.

Ta *bonne* ta *tendre* mère te supplie de ne montrer ceci à personne.

Combien je serais peiné si des êtres dont la bonté ne se rencontre nul part pouvaient me soupçonner d'ingratitude.

Femme JEANNE.

JEANNE.

Pour savoir comment la population de Paris, composée non pas de bourgeois, de fonctionnaires et d'hommes *de loisir*, mais seulement d'ouvriers et de jeunes gens, a renversé la monarchie de huit siècles en trois jours, et triomphé de tant de corps d'élite si bien armés, si bien disciplinés, si redoutables par leur science, par leur ensemble, leur masse et leur valeur, il faut lire et relire les débats de la cour d'assises dans l'affaire de la rue Saint-Méry.

Comme l'esprit de parti ne nous égare pas, comme nous sommes Français avant tout, nous avons vu avec respect le courage de ces gardes nationaux pères de famille, qui, allant au combat comme à à la parade, se présentaient devant les balles froidement, l'arme au bras, pour faire tomber l'exaltation de leurs adversaires.

C'est un brave aussi, et des plus braves, ce Desolliers qui, sans bouger, voit d'un œil calme charger et recharger trois fois contre lui le fusil qui va l'atteindre à bout portant.

Il n'est pas non plus dépourvu de fermeté d'ame, Rossignol, cet accusé qui s'indigne contre son avocat de ce qu'il veut plaider, pour adoucir sa peine, le moyen évasif des circonstances atténuantes.

Mais, nous l'avouons, nos sympathies sont pour Jeanne. Quel est ce Jeanne? C'est le type des vainqueurs de juillet. Cette noble figure se dessine sur le fond obscur des hontes de ce moment-ci. Jeanne appartient à l'histoire.

Dans les grandes journées, il s'arme, il se précipite, il se multiplie; il est partout, à la porte Saint-Martin, à la Grève, à l'arcade Saint-Jean; il emporte le Louvre; il marche sur les Tuileries; six fois blessé, mitraillé, les doigts coupés, il se jette au-devant du peuple furieux, sauve la vie à ving-trois gardes royaux qu'on allait égorger, et tombe évanoui.

Un vif sentiment de l'injustice, si ordinaire chez les caractères ardens et généreux, l'a poussé dans les rangs des insurgés du 5 juin. Les soldats, dit-il, avaient tiré sur les gardes nationaux, sans provocation; il le croit, il s'indigne, il vole, il crie *aux armes!* et, suivi d'un petit nombre d'exaltés, il se retranche derrière les barricades et repousse toutes les attaques.

Une balle l'atteint au milieu des reins et le renverse; il se relève, et toute la nuit il fait feu.

Les accusés ordinaires s'excusent en disant qu'ils n'y étaient pas; que c'est faux; qu'ils étaient contraints; qu'ils assistaient en curieux; qu'ils n'ont ni tiré, ni fait entendre des cris, ni fondu de plomb, ni porté de poudre, ni construit des barricades. Mais Jeanne répond intrépidement: « Oui, j'ai veillé toute la nuit; oui, j'ai fait feu, oui, j'ai distribué des cartouches; oui, j'ai tiré des croisées; oui, je serais resté derrière les barricades si les cartouches ne nous eussent manqué; oui, je recommencerais sous l'influence des mêmes sentimens! »

Et quand l'artillerie et la cavalerie, la ligne et la garde nationale s'avancent pour le combattre; quand ses munitions sont épuisées; quand la barricade ploie et fléchit sous le poids du nombre, cet homme petit et faible, qui a eu les reins frappés d'une balle, qui a passé à se battre toute une nuit et toute une journée, va-t-il fuir ou demander grâce? Non, lui dixième, il traverse à la baïonnette une ligne d'infanterie!

C'est de la folie, dira-t-on, c'est du délire.... C'est tout ce que l'on voudra; mais si ce n'est pas là de l'héroïsme, on ne sait plus à quel signe le reconnaître.

Qui ne serait frappé d'étonnement et d'admiration en entendant tant de mots si simples, si francs, si précis, si décisifs, si hardis et si fiers?

Que dites-vous de cette réponse? « Renversé par une balle, je me « relevai toutefois et je tirai un coup de fusil, *un seul coup, car ils* « *avaient fui.* »

Mettez ce mot dans la bouche d'un soldat devant l'ennemi, ne le trouverez-vous pas sublime?

Et cette autre réponse de Jeanne à un des combattans qui lui demandait des vivres: « Des vivres! il est trois heures: à quatre « heures, nous serons tous morts. »

Et cette apostrophe lancée à un des témoins, qui l'a abandonné et qui l'accuse: « Il s'est retiré par peur; c'est un lâche! »

Et lorsqu'on lui conseille de détacher sa décoration: « Qu'ils me l'ôtent, dit-il, la France me la rendra. »

Il est bon que ces mots là restent: ils est bon que le pays sache, et les étrangers surtout, quels nobles cœurs battent chez ces plébéiens qu'ils méprisent et qui les anéantiraient!

N'y a-t-il rien d'attendrissant non plus dans le spectacle de ces jeunes gens des écoles qui, échappés au carnage et tous noircis de poudre, se jetaient en pleurant dans les bras les uns des autres, et lorsque les mères ou les sœurs de leurs amis venaient les leur redemander: *Ne les plaignez pas*, répondaient-ils, *ils sont plus heureux que nous, ils sont morts pour la liberté!*

A la place de ces jeunes patriotes, mettez des doctrinaires et faites-leur dire: « Ne les plaignez pas: ils sont morts comme des « fidèles SUJETS pour la dynastie du roi Louis-Philippe, leur au- « guste MAITRE! »

Qui ne haussera les épaules? C'est qu'il n'y a qu'un pas, disait Napoléon, du sublime au ridicule.

Etrange contraste! Au mois de juillet 1830, la Charte est violée par le ministère Polignac, Jeanne se révolte, il est vainqueur, on le décore!

Au mois de juin 1832, on tire sur Jeanne, il riposte, il est vaincu, on le dégrade!

C'est cependant le même homme, c'est le même sentiment de l'injustice qui lui a fait commettre deux actions dont on juge l'une héroïque, l'autre criminelle.

Si Charles X eût triomphé, il aurait fait condamner les insurgés par ses tribunaux pour avoir voulu renverser la Charte de 1814;

il n'aurait pas fallu aux ministres du 25 juillet de grands efforts pour raisonner tout juste comme les ministres du 6 juin.

Il n'y a souvent entre deux actes politiques que la différence du succès. Ce qui n'empêche pas les vainqueurs d'être presque toujours implacables, eux qu'un autre tour de roue de la fortune eût mis aux pieds des vaincus.

L'accusateur public, M. Delapalme, a été faible et embarrassé. Cela devait être.

Il a félicité les gardes nationaux d'être tombés *victimes de leur dévouement aux lois de leur pays.*

Il est certain que si Charles X eût réussi, quelque autre avocat-général, si ce n'est M. Delapalme, en eût dit autant des soldats de la garde royale tués par les insurgés de juillet : car ces soldats, qui étaient des machines purement passives, mouraient aussi *victimes de leur dévouement aux lois de leur pays.*

M. Delapalme croit flétrir l'opinion républicaine en disant que les insurgés de juin criaient, sur les cadavres de leurs adversaires : *vive la république !*

Mais les insurgés de juillet, montés aussi sur les cadavres de leurs adversaires, criaient : *vive la liberté!*

Or, le cri de *vive la liberté !* dans un moment où l'on ne voulait plus de la monarchie ancienne et où la monarchie nouvelle n'existait pas, n'était-ce point à peu près la même chose que *vive la république!*

Il entrait dans le plan de M. Delapalme d'affaiblir l'impression que le courrge extraordinaire de Jeanne avait dû faire sur l'esprit des jurés.

« *Il n'y a pas courage*, s'écria t-il, *pour celui qui tue à l'affût* « *des gardes nationaux, et qui les tue comme des bêtes sauvages.* »

En ce cas, il ne faut plus appeler les insurgés de juillet *les héros des barricades*, car ils tuaient *à l'affut* les soldats, *comme des bêtes sauvages.*

M. Delapalme nous permettra de croire qu'il y a toujours du courage à se battre un contre cent, même derrière les remparts d'une ville ou les barricades d'une rue. C'est un terrible jeu qu'on joue là, car dès que le rempart tombe ou que la barricade est franchie, vous êtes, non pas tué tout simplement, mais massacré, déchiré, mis en pièces.

M. l'avocat-général a terminé par la ritournelle obligée de tous les réquisitoires ; il a déclamé contre ces hommes « dont les passions « agissent et fermentent, et qui veulent imposer nne liberté à leur « manière, etc. »

Lorsque l'on se battait au mois de juillet, les passions de MM. Laffite, Casimir Périer, Odilon-Barrot, Lafayette, *agissaient et fermentaient* aussi ; ils voulaient *imposer une liberté à leur manière.*

Les avocats-généraux de Charles X auraient employé exactement le même langage contre ces généreux citoyens que les avocats-généraux de Louis-Philippe contre les insurgés de juin. Qu'en dit M. Delapalme!

Au lieu de parler vaguement de la préméditation d'un mouvement que tout annonce avoir été fortuit, M. Delapalme aurait mieux fait de rechercher les causes originaires et véritables de cette sanglante catastrophe.

Ce qu'il n'a pas fait, l'histoire impartiale le fera. Elle dira que la comédie imprudente et boursoufflée du convoi de Casimir Périer a produit la réaction politique du convoi du général Lamarque. Elle examinera si l'absurde entêtement du 13 mars, dans son système anti-national, n'avait pas exaspéré des esprits généreux, mais trop ardens, trop précipités; elle recherchera quel est le *véritable auteur* de la mort de tant de braves, tués de part et d'autre; elle lui demandera compte du sang de ces vingt-trois jeunes gens massacrés dans la maison de la rue Saint-Méry; elle dira peut-être que si, trois jours auparavant, le ministère eût été changé, ces déplorables événemens n'auraient pas ensanglanté les funérailles d'un grand citoyen; elle pesera, dans l'égalité de sa justice, le coup-d'état du 25 juillet et le coup-d'état du 6 juin, et elle trainera les coupables, quels qu'ils soient, devant le tribunal inexorable de la postérité.

Nous nous sommes laissé aller d'autant plus volontiers à nos sentimens sur Jeanne, que nous condamnons personnellement la violence de quelque part qu'elle vienne, que nous avons foi dans la puissance du raisonnement sur les peuples du XIXe siècle, et que nous croyons avec Rousseau que les révolutions coûtent trop cher lorsqu'il faut les acheter du sang des hommes; mais il ne faut pas non plus que les doctrinaires, qui n'ont ni humanité, ni foi, ni principes, et qui ont conseillé le détestable coup d'état du 6 juin, viennent insulter le parti républicain, et dire qu'il est détruit. Un parti qui renferme des hommes de la trempe de Jeanne n'est point si bas qu'on le suppose. Chaque jour, au contraire, ce parti se raidit dans ses convictions. Il s'enfonce dans l'avenir avec une incroyable détermination; il s'étend, il se multiplie, il serre ses rangs, il compte ses forces, et s'il ne les dit pas, c'est qu'il les sait. L'étouffer, est impossible; le satisfaire, est-il encore temps? C'est là la question.

(*National*, 8 *novembre* 1832.)

Au rédacteur de LA TRIBUNE.

Paris, 6 novembre 1832.

Monsieur,

A Rome, on eût mit une *couronne* civique sur la tête de *Jeanne* de *St.-Méry*; son nom eût été inscrit sur le livre de la patrie reconnaissante, et, à la vue du *grand citoyen*, le *Sénat* se serait *levé* pour honorer son *courage*... A Paris, condamné à la déportation, plongé dans un cachot, sa *vertu* n'en *brille* que d'un plus *vif* éclat, et *l'auréole* de *gloire* qui entoure sa prison servira de *flambeau* aux *patriotes* pour conquérir la *liberté*.

Si rien ne peut consoler une *mère* de la perte de son *fils*, les *républicains* peuvent du moins adoucir ses malheurs en venant à son secours.

Je souscris pour la somme de dix francs en faveur de Madame Jeanne.

Recevez, etc.

HERCULE DE ROCHE, père;

rue de la Clé, n° 6.

www.ingramcontent.com/pod-product-compliance
Lightning Source LLC
Chambersburg PA
CBHW071914200326
41519CB00016B/4606

* 9 7 8 2 0 1 4 4 7 3 2 7 8 *